KB189328

종교문해력 총서 3 기독교

길 위의 그리스도

지금 우리에게 예수는 누구인가?

종교문해력 총서 3 기독교

길 위의 그리스도

지금 우리에게 예수는 누구인가?

정경일 지음

불광출판사

일러두기

- 책에 사용된 이미지는 출처를 밝혔습니다. 출처 표기가 잘못됐거나
  허락을 얻지 않고 사용한 것이 있을 경우 연락해 주시면 재쇄 시 반영하겠습니다.
- 저작권 해결이 안된 작품은 해당 작품을 감상할 수 있는 사이트 주소를
  각주에 표기했습니다.

이제 종교문해력이다

인류 문명사에서 오랜 기간 종교는 삶의 나침반이었고, 절망의 시간에는 희망의 등불이었습니다. 그러나 오늘날과 같은 다원화된 세계, 다양한 문제들이 등장하는 시대에 종교의 역할은 제한적일 수밖에 없습니다. 과학과 인문적 지식으로 계몽된 세계에서 사람들은 종교가 개인과 사회의 모든 문제에 답을 줄 수 있다고 기대하지 않습니다. 종교에 대한 믿음의 방식과 내용에도 적지 않은 변화가 일어나고 있습니다. 오늘날 종교는 더 이상 초자연적 신(神)이나 '절대자'에 대한 믿음에만 국한되는 것이 아니며, 종교적 가르침은 세속에서의 '좋은 삶' 곧 개인과 공동체의 안녕과 행복이라는 가치의 문제로 전환되고 있습니다.

전통적 종교관의 변화와 함께 최근 10여 년간 '종교를 믿는' 신자(信者)의 숫자도 급감하고 있습니다. 이른바 '탈종교 현상'입니다. 이를 두고 일부 학자들은 '종교 없는 삶', '신(神) 없는 사회'를 섣부르게 예견하기도 합니다. 그렇지만 탈(脫)종교, '종교를 떠난다'는 것이 곧 유물론적 세계관으로의 전환이거나 물질적 욕망만을 추구하는 삶으로 향한다는 것은 아닐 것입니다. 소수의 유물론자를 제외하고 대부분의 사람들은 여전히 물질적 세계 너머의 가치를 지향하고, 삶의 의미와 목적, 궁극의 진리에 관심을 가지고 있습니다. 어떤 사람들은 자신의 종교 '안'에서 또 다른 사람들은 종교 '밖'에서 나름의 방식으로 진정한 삶의 의미와 실천적 지혜를 찾고자 합니다. 소위 종교를 믿지는 않지만 영적인 삶을 추구하는 SBNR(Spiritual But Not Religious)의 등장은 오늘날 달라진 종교지형의 한 모습입니다. 오랫동안 견고하게만 여겨지던 종교 간의 칸막이, 종교의 '안'과 '밖'의 구분이 퇴색하고 그 의미가 달라지고 있습니다. 지금 우리가 맞고 있는 문명사적 전환은 종교에 대해 이전과는 다른, 새로운 이해를 요청하고 있습니다.

이러한 시대적 배경과 문제의식으로 종교문해력 총서를 발간했습니다. 2022년 5월을 기점으로 다섯 번의 기획회의를 거쳐 다음과 같이 집필의 방향을 정했습니다.

- 각 종교 창시자의 삶을 중심으로 그분들이 고민했던 인생의 근본 문제를 중심으로 한다.
- '또 하나의 개론서'가 되어서는 안 되며, 오늘날 시대가 직면하고 있는 문제들, 특히 탈종교 현상 그리고 기후변화와 팬데믹 등 문명전환에 대한 시대적 문제의식을 바탕으로 각 종교 전통 고유의 해법과 방향을 제시한다.
- 전통적 의미의 신자/신도만이 아니라 이웃 종교인 그리고 종교에 관한 인문적·영성적 관심이 있는 일반 독자(SBNR, Spiritual But Not

Religious)를 주요 독자로 염두하고 내용을 집필한다.

이상의 집필 방향은 자신이 믿는 종교에 관한 '이해'는 물론 이웃종교와 종교 일반에 관한 이해를 제고하는데 초점이 맞추어져 있습니다. 곧 종교를 '믿음'의 문제로서만이 아니라 '이해'의 문제로 인식하는 종교문해력의 관점에서 본 총서를 기획, 집필했습니다.

오늘날 사회 여러 부문에서 통용되고 있는 문해력(文解力, literacy)이란 글을 아는 능력을 넘어 그 의미를 이해하고 활용하는 능력을 뜻합니다. 그런 점에서 종교문해력이란 종교를 단지 '믿음'의 문제로서만이 아니라 이성적 '이해'의 문제로 인식하는 능력을 뜻합니다. 지난 2023년 3월 넷플릭스에서 방영된 8부작 다큐멘터리 〈나는 신이다〉와 같은 경우는 사이비 교주의 사악한 행태에서 비롯된 극단적 예이긴 하지만, 이성적 이해가 부족한 맹목적 믿음의 결과를 잘 보여주고 있습니다. 종교문해력이 강조하는 비판적 성찰과 모색의 힘은 올바른 종교의 선택과 바른 신행의 지향점을 제공해 줄 수 있습니다.

또한 종교문해력은 이웃종교 나아가 비종교인 그리고 우리 사회의 다른 부문과의 소통역량을 더욱 키울 수 있게 해

줍니다. 자신의 종교를 '객관적'으로 설명하고, 다른 종교와 세계관을 이해하는 기반이 되기 때문입니다. 종교문해력이 요청하는 '이해'와 활용의 능력은 다원적 사회를 살아가는 오늘날 불필요한 종교 간 긴장과 갈등을 해소하고 종교 간 대화를 촉진하는 것은 물론 사회적 공동선을 위해 함께 협력하고 연대하는 원동력이 될 수 있습니다.

종교문해력은 단지 종교인들에게만 요청되는 것은 아닙니다. 다양성과 다원성을 기반으로 하는 현대 사회에서 요청되는 필수적 과제이기도 합니다. 최근 사회문제가 되는 무슬림 차별과 혐오 현상은 이슬람에 대한 우리 사회의 무지를 단적으로 보여주고 있습니다. 문화 다양성에 관한 이해는 겉으로 드러나는 피부색이나 언어 그리고 음식이나 의상에 한정되는 것은 아닙니다. 세계관과 가치관의 바탕이 되는 종교에 관한 이해가 다른 문화를 이해하는 핵심이라고 할 수 있습니다. 밖으로 해외와의 교류가 더욱 확장되고, 안으로 해외 이주민의 유입이 지속적으로 증가할 것으로 예상되는 지금, 종교문해력은 우리 사회의 세계시민 의식과 공동체의 평화를 만들어 가는데 필수적인 시민역량이라고 할 수 있습니다.

종교학을 비롯해 불교, 기독교, 이슬람 그리고 원불교에 관한 다섯 권 각각의 책은 탈종교, 다종교 그리고 초종교라고 하는 시대적 요청에 따른 새로운 입문서의 역할을 자임하고 있습니다. 본 총서를 통해 우리 사회에서 종교 일반을 비롯한 불교, 기독교, 원불교 그리고 이슬람에 관한 이해가 한층 더 깊어지길 간절하게 바랍니다.

다섯 차례의 기획회의, 그 외 수시로 가졌던 회의를 통해 지혜를 나누어주신 다섯 분의 필자들께도 심심한 감사의 말씀을 드립니다. 발간사의 내용이 잘못된 것이 있다면 그것은 오로지 제 이해의 부족일 따름입니다.

한 종교가 아니라 여러 종교 전통의 책을 총서로 묶어 출판하는 일은 선례가 없던 일입니다. 어려운 출판시장에도 불구하고 이를 선뜻 맡아주신 불광출판사 류지호 대표님께 감사드립니다. 그리고 다섯 종의 원고를 꼼꼼히 읽고, 필자들과 교신하면서 좋은 책 출간을 위해 많은 수고를 하신 불광출판사 편집부에도 감사의 말씀을 전합니다.

끝으로 총서 발간을 위한 재정적 지원을 해주신 재단법인 플라톤 아카데미에 감사드립니다. 특히 우리 사회 모두의 '행복'과 '영적 성장'이라는 큰 뜻을 세우고, 인문학을 비롯한 관련 분야의 연구과 사회적 확산을 위해 재정적 지원은 물론 여러 사람들의 동참을 이끌어 오신 최창원 이사장님께 깊이 감사드립니다.

조성택(마인드랩 이사장)

또 하나의
예수 이야기

“오늘 우리에게 예수 그리스도는 누구인가?”

> 예수께서 그들에게 물으셨다. “그러면, 여러분은 나를 누구라고 생각하십니까?” 베드로가 예수께 대답하였다. “선생님은 그리스도이십니다.”
>
> - 마르코복음서 8장 29절

지난 세기 독일에서 히틀러의 나치 지배에 맞섰던 디트리히 본회퍼(Dietrich Bonhoeffer) 목사는 모든 시대의 그리스도인이 붙들고 씨름하며 응답해야 할 가장 중요한 물음은 “오늘 우리에게 예수 그리스도는 누구인가?”라고 했다. 본회퍼의 이 간결한 질문에는 ‘오늘’이라는 상황과 ‘우리’라는 주체와 ‘예수 그리스도’라는 믿음과 따름의 표상이 오롯이 들어있다.

오늘 우리에게 예수 그리스도는 누구인가 묻고 답하기 위해 참고할 수 있는 방법 중 하나는 현대 신학자 폴 틸리히(Paul Tillich)가 제시한 ‘상관관계 방법(method of correlation)’이다. 그것은 오늘 우리의 상황이 제기하는 물음을 그리스도교의 메시지에 비추어 사유하고 답하는 것이다. 이를 위해서는 인간의 상황을 바르게 이해하고 분석할 수 있어야 한다. 그것은 ‘시대의 표징(signs of the times)’을 깨어 알아차리는 것이다. 상황에 따른 물음과 시대의 분별을 거치지 않는 예수 이야기는 오늘의 우리와 아무런 상관없는 옛날이야기가 되어버리고 만다. 우리에게 필요한 것은 예수가 2,000년 전 팔레스타인 사람들에게 어떤 존재였는지 역사적으로 탐구하는 것을 넘어, 예수의 삶과 가르침을 오늘의 상황에 맞게 재해석하고 현재화하는 것이다. 많은 예수 이야기들이 존재하는 것은 시대마다-그리고 같은 시대에도-사람들의 삶의 자리가 다르고, 인간과 세계에 대한 이해가 다르기 때문이다.

참고하면 좋을 또 하나의 사유 구조는 감리교 창시자 존 웨슬리(John Wesley)가 제시한 신학의 '사변형(四邊形, Quadrilateral)'이다. 웨슬리는 그리스도인으로서의 사유인 신학을 할 때는 '경전', '전통', '경험', '이성' 네 자원을 균형 있게 사용해야 한다고 주장했다. 예를 들면 히브리성서와 신약성서 같은 경전, 교회의 제도와 교리와 의례 같은 전통, 기도와 관상(觀想) 같은 영적 경험, 그리고 신앙과 삶을 지적, 합리적으로 식별하는 이성, 이 네 자원을 조화롭게 사용할 때 비로소 온전한 그리스도교적 사유를 할 수 있다는 것이다. 여기서 중요한 것은 네 자원의 배합 비율과 방식에 따라, 그리고 그것을 시도하는 주체의 상황과 이해와 의지에 따라, 그리스도교적 사유가 다양하게 펼쳐진다는 사실이다. 하나의 그리스도교(Christianity)가 아니라 많은 그리스도교들(Christianities)이 존재하는 이유다.

오늘 우리에게 예수 그리스도는 누구인가 묻는 주체와 상황이 다양한 만큼 답도 다양하다. 계몽주의와 역사주의의 도래와 함께 시작한 현대의 역사적 예수(historical Jesus) 연구와 그리스도교의 세계화는 예수 그리스도에 대한 다양한 이해를 꽃피웠다. 역사적 예수 탐구가 본격화되었던 18세기부터 오늘의 21세기까지 출판된 예수 전기는 말 그대로 부지기수다. 예수가 누구였는지, 무엇을 했는지 역사적 자료가 분명히 남아 있고, 그에 따른 사실을 기술하는 것이 전기의 목적이라면, 권위 있는 역사가나 신학자의 예수 전기 몇 권이면 충분했을 것이다. 그런데도 예수 전기가 시대마다 문화마다 계속 나오고 있는 까닭은 무엇일까? 그것은 예수 전기 또는 예수 이야기가 각 시대 그리스도인이 자신들의 정치적, 종교적, 문화적 상황에서 예수를 기억하고 기념하고 재현하는 '해석'이기 때문이다. 또 하나의 예수 이야기가 가능하고 필요한 까닭은 그를 찾는 오늘 우리의 상황이 다르고 새롭기 때문이다.

길로서의 종교, 길 위의 인간

예수의 삶과 가르침을 기억하고 해석하는 우리의 이야기에서 '길'은 상징이면서 사건이다. 우선 길은 종교적, 영적 구도의 단계 또는 과정을 보여주는 상징이다. 동서양의 위대한 종교 전통은 길의 개념과 이미지를 진리에 이르는 구도와 수행의 상징으로 사용해 왔다. 인도에서 기원한 힌두교는 지혜(jnana), 헌신(bhakti), 행위(karma)를 해탈의 세 길(marga)로 제시했고, 불교는 계율과 선정과 지혜가 조화된 팔정도(八正道)를 해탈에 이르는 바른길로 가르쳤다. 중국과 동아시아의 유교와 도교는 더욱 명시적으로 궁극적 실재를 도(道, tao)라는 상징으로 나타냈다. 아브라함계 종교인 유대교, 그리스도교, 이슬람도 마찬가지다. 유대인의 종교적, 문화적 생활에서 규범 역할을 하는 유대법 할라카(halakhah)는 길이라는 의미가 있다. 그리스도교에서도 예수가 "나는 길이요(요한복음서 14장 6절)"라고 선포한 것이나, 바울이 말한 "십자가의 도(고린토인들에게 보낸 첫째 편지 1장 18절)"를 그리스어로 기록할 때도 길을 뜻하는 호도스(hodos)를 사용했다. 이슬람의 율법 샤리아(sharia)도 아랍어로 "물 흐르는 곳으로 이끄는 길"이라는 의미다. 종교는 구원과 해방으로 이끄는 길이다.

예수의 길은 또한 역사적 시간 속의 실제 사건이기도 하다. 유대-그리스도교 전통의 특징은 초월적 하느님이 역사 속에서 자신을 계시하며 활동한다는 믿음이다. 그리스도인은 예수 그리스도를 '인간이 되신 하느님'으로 믿는다. 이런 신학적 차원이 아니더라도 예수가 누구인지 알기 위해서는 1세기 팔레스타인의 역사 현실을 이해해야 한다.

복음서 기록에 따르면, 예수의 부모 요셉과 마리아는 로마 아우구스투스 황제의 칙령에 따라 호적 등록을 하러 그들이 살던 갈릴래아 나자렛을 떠나 유대 베들레헴으로 갔고, 예수는 그 여행길에서 태어났다. 훗날 젊은 영적 구도자로 성장한 예수는 사막으로 나가 요한에게서 세례를 받았고, 사막 더 깊은 곳으로 들어가 40일 동안 악마의 유혹과 싸워 이긴 후 갈릴래아로 돌아왔다. 그리고 3년여의 짧은 공적 생애 동안 갈릴래아 호수 주변 마을들을 돌아다니며 가난한 이들에게 하느님 나라 복음을 전하고 병든 자를 치유했다. 그리고 삶의 마지막 순간에는 그를 따르던 무리와 함께 예루살렘으로 행진해 올라갔고, 그곳에서 로마 정치권력과 유대 성전권력에 맞서다 체포되어 불의한 종교재판과 사법재판을 받고 골고타 언덕에서 십자가에 못 박혀 죽임당했다. 이처럼 우리가 함께 탐구하려는 예수는 길 위에서 태어나 길 위에서 살다 길 위에서 죽은 '길 위의 그리스도', 곧 '크리스투스 비아토르(Christus Viator)'다.

길은 동적이다. 예수에 관한 수많은 전기 영화 중 길의 동적 이미지를 가장 잘 보여주는 영화는 아마도 이탈리아 영화감독 피에르 파올로 파솔리니(Pier Paolo Pasolini)의 1964년 작 〈마태복음(Il Vangelo Secondo Matteo)〉일 것이다. 이 영화에서 파솔리니 감독이 재현하는 예수는 많은 이들의 통념처럼 산 위나 호숫가 또는 마을 회당에서 근엄하게 앉거나 서서 가르침을 전하지 않는다. 예수는 길을 빠르게 걸어가면서 만나는 사람들과 따르는 이들에게 가르침을 전한다. 파솔리니가 묘사한 예수는 정말 말하며 걷고, 걸으면서 말한다. 카메라는 앞장서 걸어가는 예수를 등 뒤에서 바짝 따라가고, 예수는 뒤따라오는 제자들을—카메라를—연신 돌아보며, 때로는 격렬하게 때로는 온화하게 하느님 나라의 복음을 이야기한다. 예수의 말을 경청하며 따라가는 사람들도 한눈팔지 않고 오직 예수만 바라본다. 그들에게는 예수가 길이다.

1세기 팔레스타인의 예수와 그를 믿고 따랐던 이들처럼 21세기의 우리도 길 위의 존재 '호모 비아토르(homo viator)'다. 오늘의 초연결·초이동 세계를 사는 현대인의 정체성을 나타내는데, 더 적합한 은유는 뿌리(root)가 아니라 길(route)이다. 우리 각자의 정체성은 태어난 때, 태어난 곳에서 한 번 주어진 후 불변하는 것이 아니라 인생길 굽이굽이에서 만나는 무수한 타자와의 관계를 통해 끊임없이 형성되고 변화한다. 길 위에서 '너'를 만나 '나'가 되고, 그 '나'가 모여 '우리'가 된다. 따라서 과거와 현재의 예수를 이해하기 위해서는 예수만이 아니라 예수가-그리고 예수를-길 위에서 만나는 사람들의 생각과 감정과 행위도 깊이 들여다보아야 한다. 더 근본적으로는 예수와, 예수를 만난 사람들을 바라보는 우리 자신을 응시

해야 한다.

예수의 길을 찾고 걸어가기 위해서는 몇 가지 유념해야 할 것들이 있다. 모든 길이 목적지에 이르는 것은 아니다. 샛길도 있고 끊긴 길도 있고 막다른 길도 있다. 새로 생겨나는 길도 있고 오래되어 사라지는 길도 있다. 모든 길을 갈 수 있는 것도 아니다. 여러 길을 바꿔가며 걸어볼 수는 있지만 여러 길을 '동시에' 걸을 수는 없다. 자기가 걸을 길을 식별하고 선택해야 한다. 선택의 기준은 얼마나 빠른가, 얼마나 쉬운가가 아니라 얼마나 바른가다. 구도자는 정처(定處) 없는 방랑자가 아니라 정처 있는 여행자다. 도달해야 할 목적지가 있는 순례자다. 예수는 자신의 참 자기(Self)를 만나고 하느님의 소명을 깨닫기 위해 고독으로 들어갔고, 가난한 이들을 우선적으로 사랑하기 위해 고통의 땅 갈릴래아로 돌아갔고, 정치적, 종교적 구조악과 대결하기 위해 목숨 걸고 예루살렘으로 올라갔다.

예수 그리스도의 여정을 따라가는 여행 지도인 『지금 우리에게 예수는 누구인가?』는 다음의 세 가지 이정표를 표시하고 있다. 첫째, 예수의 존재론적 본질에 관한 '교리'보다는 갈릴래아 예수의 살아있는 가르침과 삶에 관한 체험적, 고백적 '이야기'를 통해 오늘 우리에게 예수가 누구인지를 생각한다. 둘째, '역사적 예수'를 탐구하는 그리스도인들이 강조하는 '예수의' 신앙과 '신앙의 그리스도'를 추구하는 그리스도인들이 중시하는 '예수에 대한' 신앙을 균형감 있게 성찰한다. 셋째, 그리스도인만이 이해할 수 있는 '닫힌' 예수 이야기가 아니라 이웃종교인, 비종교인도 이해하고 공감할 수 있는 '열린' 예수 이야기를 시도한다. 이를 위해 예수에 대해, 그리스도교에 대해 처음 듣는 이에게 이야기하는 것처럼 글을 쓰려 애쓸 것이다.

예수에게 이르는 길은 하나가 아니다, 예수로부터 나오는 길도 마찬가지다. 길 위의 예수에 관한 우리의 이야기도 여러 길 중 하나일 뿐이다. 우리가 이 책에서 함께 탐구할 예수 이야기는 다른 예수 이야기를 부정하거나 배제하지 않는다. 이야기도 사람처럼 서로 만나며 변화하고 성장한다. 1세기의 복음서들도 서로 영향을 주고받으며 예수 이야기를 더욱 풍성하게 문서화했다. 탈-그리스도교, 탈-종교 시대를 사는 오늘의 우리에게는 더 많은 예수 이야기가 가능할 뿐만 아니라 필요하다. 그리스도인만의 예수 이야기가 아니라 불자의 예수 이야기, 무슬림의 예수 이야기, 비종교인의 예수 이야기, 심지어 마르크스주의자와 무신론자의 예수 이야기도 나올 수 있다. 예수에 관한 이야기가 더 많을수록 우리는 예수의 가르침을 더 깊고 넓게 배울 수 있을 것이다. 그 믿음과 바람으로 21세기의 고통과 희망의 땅 한국에서 또 하나의 예수 이야기를 시작한다.

목차

"여러분은 나를 누구라고 생각하십니까?"

– 마르코 8장 29절

1장

예수의 얼굴들

성서 속 예수

2022년 가을, 불교의 붓다, 그리스도교의 예수, 이슬람의 무함마드, 원불교의 소태산(少太山)의 가르침과 삶을 이야기하는 강연회에 강사 중 하나로 참여했다. 그리스도인인 필자는 예수에 관해 이야기했다. 흥미로운 건, 네 영적 스승 중 오직 20세기를 살았던 소태산 박중빈(1891~1943) 대종사만이 '사진'을 남겼다는 당연한 사실이었다. 한편으로는 그 사실이 무척 부러웠지만, 다른 한편으로는 예수의 실물 사진이나 정교한 초상화가 없는 것도 나쁘지 않다는 생각이 들었다. 사진은 우리의 상상력을 제약할 수도 있기 때문이다. 사진이 없으니까 예수의 얼굴을 모르고, 예수의 얼굴을 모르니까 더 궁금하고 더 보고 싶다. 그래서 예수에 대한 상상력이 발동한다.

엔도 슈사쿠(Endo Shusaku)는 그의 책『예수의 생애』제사(題詞)에 다음과 같이 쓴다. "예수의 실제 모습이나 얼굴은 그와 함께 살았던 사람, 예수와 마주친 사람 외에는 아무도 보지 못했다. 예수의 생애를 전하는 성서조차 전혀 없다고 해도 될 만큼 그의 외모에 대한 언급이 없다. 그럼에도 불구하고 성서를 읽을 때 우리가 예수의 이미지를 떠올릴 수 있는 것은 그를 알던 사람들이 평생 그를 잊지 못했기 때문일 것이다." 정말 복음서에서 예수가 말하거나 행동하는 대목을 읽을 때면 지혜롭고 자비로운 젊은이의 얼굴을 상상하게 된다. 그를 잊지 못하고 그리워한 사람들의 절절한 기억과 기록 덕분이다.

그런데 사진이 아니어도 우리의 상상력을 제약하는 것이 있다. 교리와 관습이다. 그리스도인이나 비그리스도인에게 예수의 얼굴을 상상해 보라고 하면 십중팔구 잘생긴 백인 남자의 얼굴을 떠올릴 것이다. 교회에서, 식당에서, 택시에서, 건물 벽에서 보았던 예수 그림 때문에 생긴 고정 관념이다. 따라서 오늘 우리에게 필요한 것은 예수에 대한 상상력만이 아니라, 인종주의와 가부장주의에 오염된 고정적 예수의 상을 깨트리는 파상력(破像力)일지도 모르겠다. 이 장에서는 예수의 여러 얼굴을 만나 보자.

현대의 역사적 예수 연구와 그리스도교의 세계화는 예수 그리스도에 대한 다양한 이해를 꽃피웠다. 흥미롭게도 '예수의 얼굴들(Faces of Jesus)'이라는 문구를 포함한 제목의 신학서들이 꽤 있다. '얼굴들(faces)'이라는 복수형 명사가 가리키는 것은, 그리스도인은 지역에 따라, 아니 한 지역 내에서도, 예수를 다양하게 상상하고 해석하고 고백해 왔다는 것이다. 예를 들면, 『예수의 아시아적 얼굴들(Asian Faces of Jesus)』이라는 제목의 책은 아시아 여러 문화에서 나타나는 예수의 다양한 이미지들을 보여준다. 이 책은 한국의 예수 이미지도 비중 있게 보여주는데, 김지하의 '금관의 예수'와 민중신학의 '민중 예수'가 그것이다. 같은 방식으로 남미, 아프리카, 미국 등에서 나타난 예수의 여러 얼굴들을 상상하고 탐구하는 신학적 시도가 활발하게 이루어져 왔다.

이러한 예수의 많은 얼굴들을 보면서 우리가 느끼는 것은 혼란이라기보다는 풍요로움이다. 또한 시대와 문화에 따라 예수의 얼굴을 다르게 그려보는 것은 현재의 예수와 만나는 계기다. 다시 말해 오늘의 우리와 무관한 고대 외국 종교의 창시자로서 예수가 아니라, 지금 여기서 우리의 신앙과 삶을 인도해 주는 스승이 되게 한다. 스승 예수가 모든 시대의 제자에게 묻는다. "여러분은 나를 누구라고 생각하십니까(마르코 8장 29절)?"

여기서 잠시 성서 활용에 관한 이야기를 해야겠다. 여기까지 읽으면서 이미 알아차린 독자들도 계실 텐데, 이 책에서 인용하는 복음서 중 예수의 말은 모두 존댓말로 바꾸었다. 우리말 성서에는 대표적으로 개역, 공동번역, 새번역 성서가 있는데, 이 성서들의 복음서 번역을 보면 예수는 가르치거나 대화하거나 논쟁할 때 거의 매번 '반말'을 사용한다. 예수가 썼던 아람어나, 경전화 과정에서 사용된 그리스어에는 반말과 존댓말의 구분이 없었다. 하지만 1882년에 선교사 존 로스(John Ross)가 최초로 한글로 번역한 『예수셩교누가복음젼셔』를 보면 예수의 말은 거의 모두 상대를 하대하는 반말체다. 아마도 예수의 신성과 권위를 강조하면서, 예수의 말을 반말로 번역하게 된 것으로 보인다. 또한 조선 말기의 그리스도인들은 예수를 왕의 아들처럼, 아니면 최소한 양반처럼 높여 나타내고 싶었는지도 모르겠다.

하지만 탈권위주의적 현대 사회에서도 '반말하는 예수'를 고집하는 것은 예수를 고립시키는 원인이기도 하다. 만약 아람어에 반말과 존댓말이 따로 있었다면 나이 서른 즈음의 예수는 가르치고 대화할 때 분명히 존댓말을 사용했을 것이다. 반갑게도, 최근 2021년에 대한성서공회가 출간한 『새한글성경』은 예수의 말을 모두 존댓말로 바꾸어 번역했다. 그런데 이 책에서는 『새한글성경』을 사용하지 않고, 주로 1977년에 나온 『공동번역성서』를 사용하면서 일일이 예수의 반말을 존댓말로 고쳤다. 그 이유는 『공동번역성서』가 반말을 사용

마태오(사람 얼굴), 마르코(사자), 루가(소), 요한(독수리)
네 복음서의 상징을 표현한 그리스도교 예술

하는 문제는 있지만, 교회일치 정신에 따라 가톨릭과 개신교가 공동으로 번역해 편찬한 성서이기 때문이다.

그리스도인이 예수의 많은 얼굴들을 상상하게 된 것은 언제부터였을까? 놀랍게도 그리스도의 기억이 후대보다 더 생생했을 초대교회 시대부터였다. 그때는 그리스도교 공동체마다 고유한 복음서를 따로 갖고 있었다. 오늘의 성서에 정경(正經, canon)으로 포함된 마태오, 마르코, 루가, 요한 이렇게 네 복음서는 각각의 공동체가 사용하던 복음서들이었다. 앞의 세 복음서는 예수의 삶과 가르침에 관한 기록 내용과 관점과 표현이 대체로 공통적이어서 공관복음서(共觀福音書, Synoptic Gospels)라고 부른다. 물론 마태오, 마르코, 루가도 공동체의 상황과 성향에 따라 강조점이 조금씩 다르다. 요한복음서의 예수 이야기는 가르침, 행적, 해석 등 여러 면에서 공관복음서와 차이를 보인다. 한 가지 더 중요한 것은, 초대교회 공동체가 다양한 만큼 복음서도 다양해서, 네 복음서 외에도 마리아복음서, 도마복음서 등 예수의 삶과 가르침을 기록한 여러 복음서가 존재했다는 사실이다. 이 중 네 개의 복음서가 그리스도교 전통의 공식 정경으로 채택되었을 때는 4세기 말이었다.

그런데 그리스도교 성서에서 가장 중요하고 근원적인 네 복음서에서도 예수 그리스도에 대한 다양한-때로는 모순적이기까지 한-기억과 해석이 발견된다. 복음서마다 신학적 강조점이 다를 뿐만 아니라, 특정 사건의 포함이나 서술이 다른 예도 있다. 그러한 차이를 잘 보여주는 것이 네 복음서의 상징이다. 그리스도교 예술은 마태오복음서를 사람의 얼굴로 상징하고, 마르코복음서를 사자, 루가복음서를 소, 그리고 마지막 요한복음서를 독수리로 상징한다.

이 상징들은 초대교회 교부 중 하나인 성 히에로니무스(St. Hieronymus)가 에스겔서와 요한의 묵시록에 나오는 네 영적 존재를 네 복음서의 핵심 주제와 특징에 맞게 적용한 것으로 알려져 있다. 예수의 족보를 길게 나열하면서 시작하는 마태오복음서는 신이 인간이 되셨다는 성육신 사건을 강조한다는 의미에서 사람의 얼굴을 상징으로 삼았다. 마르코복음서는 예수의 길을 예비한 세례자 요한의 예언자적 정신을 광야에서 포효하는 사자로 상징했다. 루가복음서의 소는 인간을 구원하기 위한 예수의 희생을 나타낸다. 끝으로 요한복음서는 예수를 우주적, 신비적 그리스도로 고양하므로 하늘로 높이 솟아오르는 독수리로 묘사했다. 이는 이미 초대교회 공동체와 최초의 복음서들에서부터 예수의 다양한 얼굴들이 나타났다는 것을 말해 준다.

역사와 문화 속 예수

역사는 그리스도교 전통의 예수 얼굴을 더욱 다채롭게 했다. 그리스도교가 세계 곳곳으로 전파되어 세계종교가 되면서, 시대에 따라 지역과 문화에 따라 더욱 다양한 예수의 얼굴들이 나타난 것이다. 종교학적으로 보면, 세계종교(World Religion)는 자신의 출생지 바깥으로까지 퍼져나간 선교적 종교를 가리킨다.

그런 의미에서 전형적인 세계종교는 불교, 그리스도교, 이슬람이다. 여기서 중요한 점은 세계종교의 핵심 조건은 신자의 숫자가 아니라는 사실이다. 예를 들면 힌두교는 인구로 보면 약 12억의 거대 종교이지만, 인도라는 지역과 문화를 벗어나지 못했기에 세계종교로 분류하지 않는다. 물론 '모든 종교가 모든 곳에 있는' 오늘의 세계화 시대에는 과거의 지역 종교도 어느 정도는 세계종교화, 선교 종교화 되고 있다는 사실을 간과해서는 안 된다.

세계종교라는 데 이견이 없을 불교, 그리스도교, 이슬람의 공통점이 하나 있다. 세 종교 전통 모두 책, 즉 경전-불경, 성서, 꾸란-을 매우 중시한다는 사실이다. 이 경전 중심의 종교성은 세 종교를 세계종교로 만든 결정적 조건이었다. 예를 들면, 성지나 신전에서 수행하는 희생 제사를 중심으로 하는 힌두교는 거룩한 장소와 공간을 옮기기 어려운 선교의 제약을 갖고 있었던 반면, 불교, 그리스도교, 이슬람 선교사들은 경전만 있으면 어디로든 가서 그들의 종교 메시지를 전할 수 있었다.

그래서 루이스 랭카스터(Lewis Lancaster)는 불교가 세계종교가 된 것을 "휴대할 수 있는 신성성(portable sanctity)" 덕분이라고 주장한다. 이는 성서 중심의 그리스도교와 꾸란 중심의 이슬람도 마찬가지였다. 그렇게 경전을 휴대한 그리스도교 선교사들이 유럽, 아시아, 아프리카, 남미로 찾아가 복음을 전하면서, 세계 그리스도인들은 자신들의 고유한 문화적 눈으로 예수의 이미지를 상상하게 되었다. 그중에는 우리에게 익숙한 예수의 얼굴도 있고 낯선 예수의 얼굴도 있다.

예수를 묘사한 그림 중에 미국인 화가 워너 샐만(Warner

Sallman)의 1940년 작품 〈그리스도의 머리(The Head of Christ)〉• 가 있다. 부드러운 곱슬머리에 잘생긴 백인 예수가 지긋이 위를 올려다보는 모습이다. 5억장 이상의 복사본이 팔렸다니, 아마도 그리스도인이든 비그리스도인이든, 많은 이들에게 가장 익숙한 예수의 얼굴일 거다. 익숙하다는 것은 우리가 가진 전형적 예수 이미지가 처음부터 '서구화'되어 있었다는 것을 의미한다. '백인 남자 아버지 하느님'의 '백인 남자 아들 예수'는 백인 그리스도인이 당연시하며 상상한 예수의 이미지였으니까. 그런데 실제 역사적 예수는 백인이었을까?

2015년에 공개된 리처드 니브(Richard Neave)의 이 예수 이미지는 그리스도인 사이에서 큰 논란과 반감을 불러일으켰다. 니브는 디지털 기술과 포렌식 기법을 활용해 1세기 팔레스타인 남자의 얼굴 특징을 반영한 예수를 형상화했다. 짙은 피부, 둥그런 눈, 뭉뚝한 코, 곱슬머리의 이 예수 얼굴에 거부감이 든다면, 은연중에 우리의 관념이 서구화되어 있거나 인종적 편견에 사로잡혀 있는 것은 아닌지 의심해 볼 필요가 있다. 역사적으로 분명한 것은 예수는 중동의 유대인 청년이었다는 사실이다.

• 작품의 상세 이미지는 워너 샐만 아트 컬렉션 홈페이지(www.sallmanart.org)에서 확인할 수 있다.

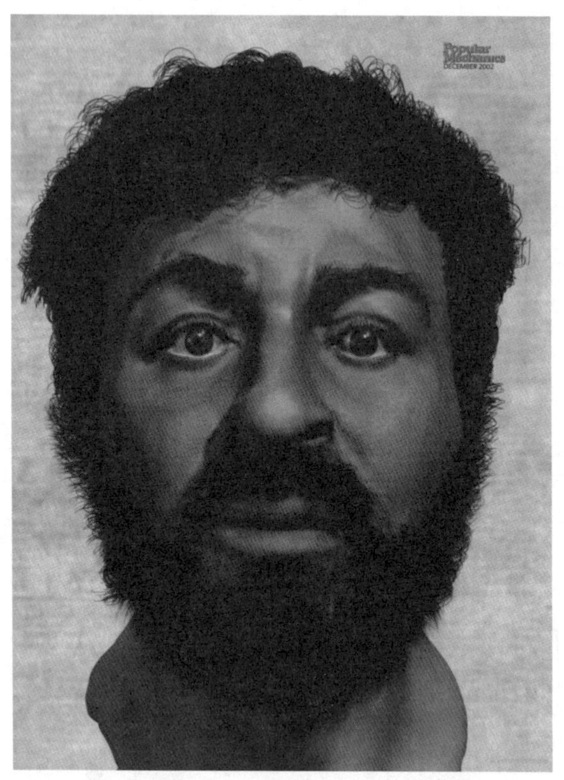

디지털 기술과 포렌식 기법으로 1세기 팔레스타인 남자의
얼굴 특징을 반영해 형상화한 예수 ©Richard Neave

백인 남성 예수만을 상상한 그리스도인에게 큰 충격을 준 작품도 있다. 이 작품은 1999년 여성 화가 자넷 맥킨지(Janet McKenzie)가 그린 〈민중의 예수(Jesus of the People)〉••다. 그해 열렸던 〈미국 가톨릭 리포터(National Catholic Reporter)〉의 새로운 예수 이미지 공모전에서 선정된 이 그림은 예수를 흑인으로 상상하고 표현했다. 게다가 맥킨지의 이 예수 이미지의 모델은 18세의 흑인 여성이었다고 한다. 비록 남성 예수이긴 하지만, 그동안 예수 이미지에서 철저히 배제되었던 흑인성과 여성성을 미묘하게 담아낸 작품이었다. 맥킨지는 예수를 흑인이자 여성으로 표현함으로써 모든 인간이 하느님의 형상대로 창조된 존엄한 존재라는 사실을 일깨워 주고자 했다.

아시아의 예수 이미지는 어떨까? 인도인 화가 솔로몬 라지(Solomon Raj)가 그린 〈스승 예수(Jesus the Teacher)〉•••(1980)라는 제목의 작품이 있다. 이 작품에서 예수가 하고 있는 결가부좌(結跏趺坐) 자세나 손의 무드라(Mudra) 형태는 영락없이 인도 명상 전통의 스승인 '구루(Guru)'를 연상시킨다. 이 스승이 그리스도교의 예수인 것을 알려 주는 것은 손바닥의 못 자국

•• 작품의 상세 이미지는 자넷 맥킨지 작가의 홈페이지(scottw41.sg-host.com/product-category/prints)에서 확인할 수 있다.

••• 작품의 상세 이미지는 해당 사이트(www.theologie-online.uni-goettingen.de/image/raj_jesus.gif)에서 확인할 수 있다.

이다. 이 역시 문화에 따른 예수 이미지의 다양성을 잘 보여주는 예술 작품의 한 예다.

예수에 대한 예술적 상상력에 한계가 있을까? 아마도 그리스도인에게, 아니 예수를 아는 모든 이에게 가장 충격적일 예수 이미지는 에드위나 샌디스(Edwina Sandys)의 1974년 작품 〈크리스타(Christa)〉••••일 것이다. 십자가에 매달린 여성의 형상이다. '크리스타'라는 단어는 '그리스도(Christ)'의 여성형이다. 즉 '여성 그리스도'라고 할 수 있겠다. 샌디스는 오늘 그에게 예수 그리스도는 누구인가 물으면서, 가부장제 세계에서 고통받는 여성을 십자가에 달린 그리스도로 고백하고 표현한 것이다. 예수를 남자로만 상상해 온 그리스도인들에게 이 크리스타상은 신성 모독에 가까웠다. 그래서 이 작품이 1984년 뉴욕 맨해튼 성 요한 대성당(The Cathedral of St. John the Divine)에 전시되었을 때, 격분한 그리스도인들의 항의로 금세 철거되고 말았다. 논란에도 불구하고 이런 급진적 상상력이 가능했다는 사실 자체가 그리스도교의 매력인 내적 다양성을 잘 보여준다.

고통의 시대인 만큼, 고통받는 자와 함께하는 '해방자 예

•••• 작품의 상세 이미지는 에드위나 샌디스 작가의 홈페이지(edwinasandys.com/bronze-sculpture)에서 확인할 수 있다.

수'를 상징하는 예술 작품도 많다. 프리츠 아이헨베르크(Fritz Eichenberg)의 1951년 작 〈빵 배급 줄의 그리스도(The Christ of the Breadlines)〉라는 제목의 목판화는 가난한 사람들 가운데 서있는 그리스도를 형상화한다. 이 판화는 가난한 자를 환대하며 돌본 도로시 데이(Dorothy Day)가 창립한 〈가톨릭 노동자(Catholic Worker)〉의 상징적 이미지 중 하나다. 아이헨베르크가 발견한 예수는 가난한 자, 노숙자였다. 실제로 역사적 예수는 가난한 자로 태어나 가난한 자와 함께 살다가 가난한 자를 위해 죽었다. 가난한 자를 '우선적으로 사랑하는 것'이 그리스도교 전통의 독특성이다.

그리스도인이 아닌 불자 예술가가 형상화한 예수상도 있다. 스리랑카 알로이시우스 피어리스(Aloysius Pieris) 신부의 뚤라나(Tulana) 연구소에 있는 킹슬리 구나틸라케(Kingsley Gunatillake)의 작품 〈야곱의 우물가의 예수와 사마리아 여자(Jesus and the Samaritan Woman at Jacob's Well)〉이다. 이 작품에는 무척 흥미롭고 의미심장한 배경이 있다. 스리랑카의 해방신학자이면서 불교학자인 피어리스 신부는 불자 예술가 구나틸라케에게 요한복음서의 예수 이야기를 들려주며 예수상 제작을 부탁했다. 그리스도교의 예수 이야기를 들은 구나틸라케는 깊은 명상 끝에 이 작품을 만들었다. 예수를 불교적으로 해석한 작품이라고 할 수 있다. 피어리스 신부에 따르면, 불자인

불자 예술가 구나틸라케가 예수에게서 본 '겸손'을 표현한 작품
〈야곱의 우물가의 예수와 사마리아 여자(Jesus and the Samaritan Woman at Jacob's Well)〉

그 예술가가 예수에게서 본 것은 무엇보다도 '겸손'이었다고 한다. 예수가 당시 유대인이 사람 취급하지 않던 사마리아인 여성에게 몸을 숙이고 물을 얻어 마시는 모습에서 철저한 겸손을 본 것이다. 이웃종교인의 눈으로 보는 예수는 그리스도인의 예수 이해를 위협하기보다는 더 깊고 더 풍요롭게 해준다.

“예수의 얼굴을 있는 그대로 그리자”

이 책을 시작하며 언급한 본회퍼의 물음으로 돌아가 보자. 21세기 한국에서 살고 있는 우리에게 예수 그리스도는 누구일까? 지난 세기의 본회퍼는 그의 시대의 예수를 “타자를 위한 그리스도”로 이해했다. 여기서 말하는 타자는 단지 남이 아니라 불의한 세계에서 무고하게 고통받는 사람들이다. 고통받는 타자를 위한 그리스도를 믿고 따른 독일인 목사 본회퍼는 나치의 인종차별과 학살로 고통받고 있던 유대인을 위해 히틀러 암살 계획에 참여했고, 그 일이 발각되어 나치에 의해 체포·처형당했다. 본회퍼는 자기 시대의 가장 고통받는 사람들을 위해 존재하는 그리스도, 그들 가운데 있는 예수의 얼굴을 발견하고 예수의 가르침을 따른 ‘타자를 위한 그리스도인’이었다.

한국에서도 고통받는 타자의 얼굴에서 예수의 얼굴을 발견하고, 그들의 고통을 자신의 고통으로 느끼며 참여한 그리스도인들이 있었다. 그런 '타자를 위한 그리스도인' 중 하나인 민중신학자 안병무는 예수의 얼굴을 제대로 그리자고 호소한다.

> 왜 우리는 세상에 왔나? 왜 또 하나의 교회를 세우나? 하도 예수의 얼굴을 일그러지게 그리고 있으니까, 나는 비록 못났어도, 내가 예수의 뒤를 따르지 못해도, 내가 그리는 예수의 얼굴과 내 모습이 너무도 달라도, 내가 그린 예수의 얼굴이 나를 마구 짓밟아도, 내가 모욕당하고 심판을 받아도 예수의 얼굴을 있는 그대로 그리자. 그 용기를 갖자, 나와 일치시킬 수는 없지만, 최소한 예수의 얼굴을 이렇게 그려보자, 그러면, 사람들이 비웃을 텐데. 아니야 내가 비웃음을 받을지라도 그의 모습은 정직하게 그리자. 세상에 그대로 드러내 놓자. 세상에 예수는 있다. 지금도 살아 있다. 2,000년 전의 예수가 아니다. 오늘 어떤 형태로든 살아 있다. 우리의 거

리에 살아 있다.

- 강남향린교회 창립기념예배 축사 중에서(1993. 5. 30.)

우리는 코로나19 바이러스 팬데믹과 사회적, 경제적 불평등과 정치적, 군사적 전쟁과 생태적 기후위기의 폭풍이 동시에 정신없이 휘몰아치고 있는 재난 시대를 살고 있다. 오늘 우리 사회의 타자는 재난 속에서 더욱 생명을 위협받고 있는 사람들, 삶 자체가 재난인 사람들이다. 가난하고 차별받고 혐오당하고 배제당하는 사회적 소수자와 약자들이다. 인간의 탐욕 때문에 병들고 죽어가고 파괴되는 자연의 생명 있는 존재들이다.

예수는 "여러분이 내 형제들인 이 가장 작은 이들 가운데 한 사람에게 해 준 것이 바로 나에게 해 준 것입니다(마태오 25장 40절)"라고 했다. 오늘 고통받는 작은 자들이 예수 그리스도라는 것이다. 에마뉘엘 레비나스(Emmanuel Levinas)는 "윤리는 보는 것이다"라고 했다. 고통당하는 타자의 얼굴을 봐야 한다는 것이다. 우리 시대의 작은 자들인 사회적 소수자와 약자의 얼굴을 보고 환대하고 사랑할 때, 비로소 "우리의 거리에 살아 있"는 예수의 얼굴을 보게 된다.

예수도 실수하고 실패하면서
자기 소명을 찾아 살고 죽었다는 사실은
우리도 예수의 길을 따라
걸을 마음과 용기를 내게 해 준다.
예수도 우리도 길 위에 있다.

2장

갈릴래아의 예수

유대인 예수와 십자가의 땅 갈릴래아

근대 역사적 예수 연구의 초기 개척자 중 하나인 헤르만 라이마루스(Hermann Samuel Reimarus)는 예수를 "유대인으로 태어났고 또 유대인으로 살고자 했던 사람"이라고 했다. 아마도 그리스도인이 아닌 이들은 "그게, 뭐 어떻다는 거지?"하고 생각하겠지만, 그리스도인들에게는 이 진술이 생경하게 들릴 것이다. 왜냐면 그리스도인들은 예수의 가르침과 활동을 유대교 전통과의 갈등 또는 대결 구도에서 생각해 왔기 때문이다. 그렇다면 역사 속의 실제 예수를 오해하는 것이다. 예수는 문화적 공백 상태에서 살지 않았다. 그는 유대 사회에서 유대인으로 태어났고 경건한 유대인으로 살았다. 예수는 유대인들이 신성시하는 히브리성서를 읽었고, 그 성서가 증언하는 하느님을 그 누구보다도 철저히 믿었다.

예수는 위대한 종교적 성인이며 개혁자였지만, '유대교'를 '그리스도교'로 대체하려고 하지는 않았다. 그는 유대교 전통 안에서 자신이 새롭게 체험한 하느님을 증언하려고 했을 뿐이다. 유대교 엘리트들이 예수를 격렬하게 반대하며 공격한 이유도 그를 다른 신흥 종교 교주로 여겨서가 아니라 자기 전통 '내부의' 이단자로 여겼기 때문이다. 제도종교는 외부의 다름보다 내부의 다름에 더 과민 반응을 보인다. 유대인들이 예수를 경계하고 두려워했던 것도 예수가 새로운 종교를 창시해서가 아니라, 유대교 신앙과 삶의 길을 새롭게-그들 눈에는 위험하고 이단적으로-해석하고 가르쳤기 때문이다. 그러므로 유대인 예수를 이해하려면 1세기 팔레스타인에서 살았던 유대인의 정치적, 문화적, 종교적 상황을 주의 깊게 살펴보아야 한다.

예수를 가리키는 말 중에 '갈릴래아의 예수'가 있다. 예수를 '나자렛 예수'로 묘사하는 사례도 많은데, 나자렛은 갈릴래아의 작은 마을이니 '갈릴래아의 예수'와 같은 표현이라고 봐도 좋을 것이다. 갈릴래아는 지역 이름이지만, 거기엔 단순한 지리적 장소 이상의 사회적 의미가 있다. 해방신학자 혼 소브리노(Jon Sobrino)는 그의 역작 『해방자 예수(Jesus the Liberator)』에서 다음과 같이 쓴다. "갈릴래아는 예수의 역사적 삶의 배경이자 가난한 사람들과 작은 자들의 장소다. 이 세상의 가난한 사람들, 즉 오늘의 갈릴래아에서 우리는 역사적 예수를 만나고 해방자 예수를 만난다." 갈릴래아는 유대 세계의 변방으로, 가난하고 작은 자들이 고통당하며 살고 있던 땅이었다.

예수가 어린 시절부터 살았던 나자렛은 갈릴래아 남쪽의 작은 농경 마을로, 주변부인 갈릴래아에서도 외진 곳이었다. 고고학적 발견에 따르면 예수 당시의 나자렛 인구는 200명에서 400명 사이로 많지 않았다고 한다. 그러므로 나자렛 사람들은 예수를 유년 시절부터 성인이 될 때까지 잘 알고 있었을 것이다. 예수가 공적 삶을 살 때의 주요 활동지도 갈릴래아 북부 가버나움이었다.

예수 당시 갈릴래아 사람들은 복합적 고통에 시달리고 있었다. 로마 제국과 헤로데 왕국의 정치적 억압과 예루살렘 성전의 사회적, 문화적 억압이었다. 지역 회당을 장악하고 있던 바리사이파는 엄격한 율법주의로 가난하고 작은 이들을 옭아매고 있었다. 경제적으로도 로마와 헤로데에게 내는 세금에다 성전에 내는 세금까지 삼중의 부담을 지고 있었다. 이러한 복합적 고통으로 가난한 유대인의 삶은 더욱 피폐해졌고, 몸과 마음이 모두 병들었다. 복음서에 병자, 악령 들린 자의 이야기가 많이 나오는 것은 이러한 억압적 시대 현실과 무관하지 않을 것이다. 그리스도인들의 핵심 상징인 십자가가 고통을 가리킨다면, 갈릴래아야말로 '십자가의 땅'이었다.

그리스도인에게 예수의 십자가는 신적 사랑의 상징이지만, 역사적으로는 정치적 폭력의 상징이다. 한편으로는, '상징'이라고 표현하기에는 십자가의 '상흔'이 너무 깊고 크다. 로마 제국은 정치적 반란자와 선동자를 십자가에 발가벗긴 채 매달아 처형했다. 십자가는 당시 로마의 가장 폭력적인 처형 방법이었다. 유대 사회에도 십자가 처형과 비슷한 형벌이 있었다. 사람을 나무 기둥에 매다는 것이다. 그러나 유대 사회의 형벌은 사형을 집행한 후 시신을 나무에 매다는 일종의 사후(死後) 처벌이었다. 이와 달리 로마의 처형법은 정치적 반란자를 산 채로 십자가에 못 박아 죽이는 것이었다. 훨씬 더 잔인하고 모욕적인 형벌이었다. 처형당하는 자는 십자가에서 끔찍한 고통 속에 서서히 죽어갔다. 그 죽어가는 모습을 보는 사람은 평생 잊지 못할 끔찍한 트라우마를 갖게 된다. 이러한 폭력의 전시(exhibition)를 통해 로마 제국이 목적한 것은 피식민자들의 공포와 수치와 굴종이었다.

현대 흑인 해방신학자 제임스 콘(James H. Cone)은 그의 말년에 『십자가와 린칭 트리(The Cross and the Lynching Tree)』라는 책을 썼다. 린칭 트리는 주로 남부의 백인 우월주의자들이 흑인들을 나무에 매달아 불태워 죽이는 참혹한 집단폭력으로, 〈전미유색인지위향상협회(NAACP)〉에 따르면 1882년부터 1968

년까지 3,446명의 흑인이 린칭을 당했다고 한다. 콘은 린칭 트리에서 예수와 흑인의 고통을 동시에 보았다.

흑인을 대상으로 한 린칭 트리의 폭력에 경악하고 분노한 미국의 유대인 시인이며 공산주의자 아벨 미어로폴(Abel Meeropol)은 1937년에 〈쓰라린 열매(Bitter Fruit)〉라는 시를 썼고, 후에 〈이상한 열매(Strange Fruit)〉로 제목을 고치고 곡을 붙였다. 이 노래를 흑인 재즈 가수이며 가톨릭 신자였던 빌리 홀리데이(Billie Holiday)가 부르면서 널리 알려지게 되었다. 홀리데이는 공연을 마칠 때마다 마지막 노래로 〈이상한 열매〉를 불렀고, 더 이상 앙코르를 받지 않고 무대를 내려왔다고 한다.

> 남부의 나무에는 이상한 열매가 열리네./ 잎새와 뿌리엔 피가 흥건하고/ 남부의 산들바람에 검은 몸뚱이가 매달린 채 흔들리네./ 포플러 나무에 매달려 있는 이상한 열매들/ 멋진 남부의 전원 풍경 속에/ 튀어나온 눈과 뒤틀린 입술/ 달콤하고 상쾌한 매그놀리아 향/ 그러고는 갑자기 풍겨오는, 불타는 살덩이 냄새./ 여기 까마귀들이 쪼아 먹고/ 비를 모으며 바람을 빨아들이는/ 그리고 햇살에 썩어가고 나무에서 떨어지는/ 여기 이상하고 쓰라린 열매가 있네.

린칭 트리는 예수의 십자가처럼 흑인을 향한 폭력의 전시였다. 그래서 콘은 흑인들의 린칭 트리는 예수의 십자가와 동일하다고 자각하고, 린칭 트리를 "미국의 십자가"라고 불렀다.

십자가의 땅에서 고통받던 유대인들은 자신들을 구원해 줄 메시아를 간절히 희망하며 기다렸다. 메시아(Messiah)는 히브리어 마쉬아흐(mashiach)에 뿌리를 둔 단어로, "기름 부음을 받은 자"라는 뜻이다. 이 메시아는 그리스어로는 크리스토스(Christos)이고 라틴어로는 크리스투스(Christus)다. 즉 그리스도는 메시아다.

그런데 원래 메시아는 유대 민족의 정치적 지도자를 가리켰다. 예수 당시의 유대인들은 다윗 왕을 이상적 지도자로 여겨서, 다윗 같은 위대한 정치 지도자가 다시 나타나 로마의 압제로부터 자신들을 해방시켜 줄 메시아를 기대하고 있었다. 그런데 히브리성서에는 또 다른 메시아 이미지가 있다. 예언자 이사야가 시적으로 표현한 '고난받는 메시아'다.

> 그는 메마른 땅에 뿌리를 박고 가까스로 돋아난 햇순이라고나 할까? 늠름한 풍채도, 멋진 모습도 그에게는 없었다. 눈길을 끌 만한 볼품도 없었다. 사람들에게 멸시를 당하고 버림을 받았다. 그는 고통을 겪고 병고를 아는 사람, 사람들

이 얼굴을 가리고 피해 갈 만큼 멸시만 당하였으므로 우리도 덩달아 그를 업신여겼다.
그런데 실상 그는 우리가 앓을 병을 앓아주었으며, 우리가 받을 고통을 겪어주었구나. 우리는 그가 천벌을 받은 줄로만 알았고 하느님께 매를 맞아 학대받는 줄로만 여겼다. 그를 찌른 것은 우리의 반역죄요, 그를 으스러뜨린 것은 우리의 악행이었다. 그 몸에 채찍을 맞음으로 우리를 성하게 해 주었고 그 몸에 상처를 입음으로 우리의 병을 고쳐주었구나. 우리 모두 양처럼 길을 잃고 헤매며 제멋대로들 놀아났지만, 야훼께서 우리 모두의 악을 그에게 지우셨구나.
그는 온갖 굴욕을 받으면서도 입 한번 열지 않고 참았다. 도살장으로 끌려가는 어린 양처럼 가만히 서서 털을 깎이는 어미 양처럼 결코 입을 열지 않았다. 그가 억울한 재판을 받고 처형당하는데 그 신세를 걱정해 주는 자가 어디 있었느냐? 그렇다, 그는 인간 사회에서 끊기었다. 우리의 반역죄를 쓰고 사형을 당하였다. 폭행을 저지른 일도 없었고 입에 거짓을 담은 적도 없었지만 그는 죄인들과 함께 처형당하고, 불의한 자들과 함께 묻혔다.

- 이사야 53장 2~9절

두 메시아 중 어느 메시아가 1세기 팔레스타인의 유대인들이 기다렸던 메시아였을까? 대부분의 유대인은 대신 고통받고, 함께 고통받는 메시아보다 다윗 왕 같은 강력한 정치적 메시아를 기대했다. 예수가 예루살렘에 들어갈 때 그를 환영하며 환호한 군중은 다윗 왕을 떠올렸고, 심지어 제자들도 같은 생각이었다. (이 메시아 기대의 충돌에 관해서는 이 책의 6장에서 상세히 다루기로 한다.) 이처럼 십자가의 땅에서 이중적, 삼중적 억압과 착취에 시달리던 갈릴래아의 유대인들은 한편으로는 반란을 열망했고 다른 한편으로는 메시아를 기대했다. 그리고 한 아기가 태어났다. 예수였다.

평범한 이름, 비범한 탄생

그리스도교 역사는 물론 인류 역사에서도 '예수'는 특별하고 유일한 이름이다. 하지만 1세기 팔레스타인에서 예수는 한동안 우리 초등학교 '국어' 교과서에 나오던 '영희'나 '철수'처럼 흔한 유대인 이름이었다. 그러나 그 이름의 뜻은 결코 가볍지 않았다. 예수는 히브리어 이름 '여호수아(Yehoshua)'를 그리스어로 적어 놓은 이름으로, "야훼[하느님]는 구원이시다"라는 뜻이다. 그 시대에 이런 의미의 이름이 흔했다는 것은, 그만큼 그 시대 유대인들이 고통과 압제로부터 해방되는 것을 집단적으로 갈망하고 있었음을 나타낸다.

예수의 이름은 그 의미와는 달리 흔하고 평범하지만, 예수의 탄생 설화는 비범하다. 위대한 성인 또는 영웅의 신비한 탄생 설화와 마찬가지로 예수의 탄생 이야기에도 신비하고 초자연적인 내용이 많다. 가장 대표적인 것은, 아직 혼인하지 않은 여성 마리아가 성령으로 잉태했다는 이야기다. 물론 이러한 기적 설화는 후대 그리스도교 공동체의 신앙적 첨가물일 가능성이 크다. 실제로 복음서 중 가장 먼저 기록되었고 다른 복음서들의 기초 자료가 되었던 마르코복음서에는 예수의 탄생 설화가 없다. 세례자 요한의 이야기로 바로 시작한다. 이는 최소한 마르코 공동체는 예수의 신비한 탄생에 관심이 없었다는 것을 보여준다.

그렇다고 해서 다른 복음서들의 예수 탄생 설화가 미신적이거나 무의미하다는 것은 아니다. 각각의 복음서는 그것을 읽고 나눈 공동체의 관심과 지향을 보여준다. 마르코 공동체 외의 마태오, 루가, 요한 공동체에게는 중요하고 결정적이었으니까 그들의 복음서에 탄생 설화를 포함시켰을 것이다. 기본적으로는, 예수처럼 완전한 신적 존재가 보통의 인간처럼 평범하게 태어났을 리 없다는 대중적 믿음의 표현이었다.

복음서의 예수 탄생 설화에는 일관되지도 풍부하지도 않지만 주목할만한 내용들이 있다. 그 설화들에서 우리의 마음을 끄는 것은 신비한 기적 자체보다, 그 기적 이야기들의 행간에서 드러나는 그 시대 가난하고 작은 이들의 불안과 희망과 용기다.

다윗 가문의 요셉과 혼인을 앞두고 몸가짐을 조심하며 지내고 있었을 마리아에게 갑자기 천사 가브리엘이 나타나 마리아가 아기를 가져 아들을 낳게 될 거라고 알려 준다. 그리스도인들은 이를 수태고지(受胎告知, The Annunciation)라고 부른다. 그리스도인들에게는 신비하고 거룩한 사건이지만, 당시 사회에서는-현대 사회에서도-미혼 여성이 도저히 감당할 수 없는 충격적 소식이었을 것이다. 게다가 그 시대에는 유대 율법과 관습에 따라 여자는 보통 12세에서 15세 사이에 약혼한 다음 15세나 16세 때 결혼했다고 하니-남자는 19세나 20세에 결혼했다고 한다-어린 마리아가 가졌을 두려움은 상상 이상이었을 것이다.

복음서는 수태고지 사건 때 마리아가 겪었을 심경과 보였을 반응을 자세히 기록하지 않는다. 그래서 예술가의 상상력을 더 자극했을 것이다. 수태고지를 표현한 많은 회화 작품 중 미국인 화가 헨리 오사와 태너(Henry Ossawa Tanner)의 1898년 작품에서 마리아의 심경을 추측해 볼 수 있다. 이 그림에서 태너는 천사 가브리엘을 사람의 형상이 아니라 추상적인 신비한 밝은 빛으로 표현한다. 반면 마리아와 그의 방에 대한 묘사는 매우 구체적이다. 마리아의 옷과 침대의 이불 천과 바닥의 카펫까지, 모양과 굴곡이 실물처럼 생생하다. 무엇보다도 인상적인 것은 마리아의 표정이다. 고개를 들고 빛을 바라보

미국인 화가 헨리 오사와 태너(Henry Ossawa Tanner)의 1898년 작품 〈수태고지(The Annunciation)〉, 필라델피아 미술관 소장 ⓒWikimedia

는 그의 눈빛에선 놀라움과 두려움만이 아니라 도전의 분위기도 느껴진다. 말도 안 되는 사건을 겁에 질려 순종만 하지는 않겠다는, 도대체 이 일의 의미와 목적이 뭔지 알아야만 하겠다는 듯한 도전적 눈빛이다.

태너의 그림을 보고 난 후 루가복음서에 나오는 '마리아의 노래'가 더 의미 있게 다가왔다. 자신과 비슷하게 뜻밖의 임신을 한 친척 엘리사벳을 만난 후 마리아는 노래한다.

> 내 영혼이 주님을 찬양하며 내 구세주 하느님을 생각하는 기쁨에 이 마음 설렙니다. 주께서 여종의 비천한 신세를 돌보셨습니다. 이제부터는 온 백성이 나를 복되다 하리니 전능하신 분께서 나에게 큰일을 해 주신 덕분입니다. 주님은 거룩하신 분, 주님을 두려워하는 이들에게는 대대로 자비를 베푸십니다. 주님은 전능하신 팔을 펼치시어 마음이 교만한 자들을 흩으셨습니다. 권세 있는 자들을 그 자리에서 내치시고 보잘것없는 이들을 높이셨으며 배고픈 사람은 좋은 것으로 배불리시고 부요한 사람은 빈손으로 돌려보내셨습니다. 주님은 약속하신 자비를 기억하시어 당신의 종 이스라엘을 도우셨습니다.

우리 조상들에게 약속하신 대로 그 자비를 아브라함과 그 후손에게 영원토록 베푸실 것입니다.

- 루가 1장 46~55절

놀랍게도 이 마리아의 노래에서는 어떠한 불안도 의심도 느낄 수 없다. 불안과 의심을 잠재운 평안과 확신을 마리아가 갖게 되었기 때문일 것이다. 그 평안과 확신은 어디서 왔을까?

엘리사벳은 원래 아이를 낳을 수 없는 몸이었고, 게다가 나이까지 들어 임신은 상상조차 할 수 없는 처지였다. 사제였던 남편 즈가리야에게 천사 가브리엘이 나타나 엘리사벳이 아이를 갖게 될 거라고 알려 주었지만, 그들의 상식으로는 도저히 믿기 어려운 소식이었다.

루가복음서에 따르면, 임신한 마리아가 자기처럼 신비하게 임신한 엘리사벳을 찾아가 그의 집에서 석 달가량 함께 지냈다고 한다. 석 달이면 남의 집에 머문 것 치고는 꽤 긴 기간이다. 당연히 두 여성은 매일 깊은 이야기를 나눴을 것이다. 아마도 마리아와 엘리사벳은 불안을 공통적으로 느꼈을 것이다. 어쩌면 자신들이 짊어져야 할 삶의 무게와 그로 인한 불안을 서로 나누는 것이야말로 두 여성에게 가장 필요했고 또 위로되는 유대였을 것이다. 그 유대의 경험에서 마리아의 평안과 확신의 힘이 길러진 것이 아닐까?

마리아의 노래에 예술적, 종교적 영감을 받은 여러 음악가가 '마그니피카트(Magnificat)' 곡을 만들어 왔다. "마그니피카트 아니마 메아 도미눔(Magnificat anima mea dominum; 내 영혼이 주님을 찬미하나이다)"으로 시작하는 마리아의 노래 첫 단어가 '찬양하다' 또는 '찬미하다'라는 의미의 라틴어 단어 '마그니피카트'이기 때문에 붙은 곡명이다. 그런 마그니피카트 중 안토니오 비발디(Antonio Vivaldi)의 마그니피카트와 요한 제바스티안 바흐(Johann Sebastian Bach)의 마그니피카트가 유명하다. 비발디의 단조풍 노래도 아름답지만, 루가복음서의 마리아의 노래가 가진 희망과 확신의 정서를 생각하면, 바흐의 장조풍 노래가 복음서의 마그니피카트에 더 어울릴 것 같기도 하다. 어쩌면 두 작품은 마리아의 두려움과 용기를 각각 표현한 것인지도 모르겠다.

‘아버지 아닌 아버지’ 요셉의 사랑

마리아의 신비한 임신과 예수의 놀라운 탄생 설화에서 요셉의 존재감은 미미하다. 마리아의 수태 소식은 분명히 젊은 약혼자 요셉에게도 충격적이었을 것이다. 그런데 요셉은 흥분하지도 분노하지도 않는다. 마태오는 요셉의 반응을 다음과 같이 전한다. “요셉은 법대로 사는 사람이었고 또 마리아의 일을 세상에 드러낼 생각도 없었으므로 남모르게 파혼하기로 마음먹었다(마태오 1장 19절).” 혼전 임신을 한 부정한 여성은 돌로 쳐 죽여도 됐던 여성 억압 사회에서 마리아를 비난하며 자기 명예를 지킬 수도 있었을 텐데, 요셉은 아무도 모르게 조용히 모든 것을 덮으려 한 것이다. 요셉의 신중하고 자비로운 성품을 보여주는 반응이었다. 다행히 천사가 요셉의 꿈에 나타나 마리아의 수태는 성령으로 말미암은 것이니 두려워 말고 아내로 맞아들이라고 말했고, 두 사람은 혼인하여 부부가 되었다.

이후 예수의 성장 과정에서도 요셉의 역할은 주변적이어서, 복음서 전체를 통틀어 단 두 차례 등장할 뿐이다. 한 번은 헤로데의 영아 학살을 피해 마리아와 아기 예수를 데리고 이집트로 피신했다가 돌아온 일, 그리고 또 한 번은 예수가 열두 살 때, 예루살렘 순례길에서 예수를 잃어버렸다가 찾은 일이다. 그리고 예수가 본격적 활동을 시작한 후로는 아내 마리아와 달리 요셉은 복음서에 더 이상 등장하지 않는다. 그러나 복음서의 단편적 기록과 행간을 통해 요셉이 책임 있게 가정을 지키며 아들 예수를 양육한 가장이며 아버지였음을 추측할 수 있다.

소년 예수가 예루살렘 성전에서 랍비들과 대화하느라 순례자 일행과 떨어져 있다가, 뒤늦게 그 사실을 알고 찾아온 부모 요셉과 마리아를 만나는 장면을 읽을 때마다 가슴이 아릿하다. 잃었던 아들을 사흘 만에 찾은 마리아는 예수를 보고 "얘야, 왜 이렇게 우리를 애태우느냐? 너를 찾느라고 아버지와 내가 얼마나 고생했는지 모른다"라고 말한다. 그러자 어린 예수는 "왜, 나를 찾으셨습니까? 내가 내 아버지의 집에 있어야 할 줄을 모르셨습니까?"라며 당돌하게 대답한다(루가 2장

48~51절). 루가는 부모가 예수의 이 말의 의미를 이해하지 못했다고 하지만, 그 말을 들었던 '아버지' 요셉의 마음은 무척 복잡했을 것 같다. 그에게 예수는 아들은 아들이지만 예사롭지 않은 남 같은 아들이었을 테니까.

이 성전 에피소드 후에 요셉은 모든 복음서의 기록에서 사라진다. 경전뿐만 아니라 교회의 역사에서도, 특히 그리스도교 예술에서 서러운 대우를 받았다. 일부 그리스도인 예술가들은 요셉을 쇠약한 백발노인으로 묘사했다. 반면 마리아는 젊고 아름다운 여성으로 묘사했다. 그 까닭은 마리아의 영원한 동정녀성을 강조하는 신학의 영향 때문이었다. 마리아가 예수를 낳은 후 요셉과 성관계를 했다면 마리아의 순결한 지위를 주장할 수 없게 될 거라고 우려한 신학자들과 교회 지도자들이 '청년 요셉'을 '노인 요셉'으로 뒤바꿔 버린 것이었다. 이때 디테일을 살리는 것도 잊지 않아서, 요셉을 마리아와의 결혼(재혼) 전에 이미 결혼하여 자녀들-예수의 형제들이라고 알려진-을 둔 노인으로 설정했다. 따라서 마리아는 동정녀성을 상실하지 않고도 결혼 및 가정생활을 할 수 있었다는 것이다. 하지만 이런 '요셉 노인설'은 예수의 '동생들'이 있었다는 초대교회의 기록(사도행전 1장 14절)과 조화되기 어려워 보인다.

요셉은 예수와 마리아 중심의 드라마에서 주변화되고

배제되고 왜곡되었다. 그러나 예루살렘에서 부모와 헤어졌다 다시 만난 후에 예수가 나자렛으로 돌아와 부모에게 '순종'하며 살았다는 것을 보면, 예수와 요셉의 부자 관계는 지속되었을 것이라고 보아도 좋을 것이다.

두 사람의 직업도 주목할 필요가 있다. 복음서는 요셉과 예수의 직업이 '목수'였다고 한다(마태오 13장 55절, 마르코 6장 3절). 여기서 목수로 번역하는 그리스어 '테크톤(tekton)'은 사실 건설 노동자를 뜻한다. 아마도 요셉은 성장기의 예수에게 생계를 도모할 노동 기술을 가르쳐 주었을 것이다. 요셉은 자신이 감당할 수도, 이해할 수도 없는 신적 소명을 가진 아들에게서 낯섦과 두려움을 느꼈으면서도 최선을 다해 아들과 가족을 책임지고 돌본 성실한 가장이었다.

그는 성서 속 이야기와 교회 역사에서는 조연이었지만, 예수의 삶에서는 자상하고 든든한 아버지 역의 주연이었을 것이다.

작은 자들의 첫 크리스마스

오늘의 크리스마스인 12월 25일은 실제 예수의 탄생일이 아니다. 예수의 생일은 아무도 모른다, 12월 25일은 원래 로마 황제 콘스탄티누스(Constantinus)가 313년에 그리스도교를 공인하기 전 숭배했던 '솔 인빅투스(Sol Invictus, 무적의 태양신)'의 탄생일이었다. 이렇게 크리스마스에는 이교적 기원이 있지만, 크리스마스 시즌마다 재연되는 예수의 탄생 드라마는 예수가 누구인지, 그리고 예수를 기다렸던 이들이 누구였는지를 상징적으로 보여준다.

교회나 성당에서의 성탄 연극은 흔히 어느 추운 겨울날 여행 중이던 젊은 요셉과 만삭의 마리아가 여관 문을 두드리는 장면에서 시작한다. 이 장면의 역사적 배경은 로마 아우구스투스 황제의 칙령으로 제국이 지배하는 지역의 모든 사람이 호적 등록을 위해 각자의 고향으로 가야 했던 것이다. 그래서 다윗 가문의 요셉은 마리아와 함께 다윗의 동네 베들레헴으로 갔고, 그곳에서 예수를 낳았다. 예수는 여행 중에 길 위에서 태어난 것이다.

복음서들의 예수 탄생 설화에 따르면 아기 예수의 탄생 소식을 듣고 처음 찾아온 사람들은 들에서 양을 치던 목자들과 아시아에서 온 동방 박사들이다. 당시의 목자들은 사회적, 경제적으로 하층 계급에 속하는 사람들이었다. 그리고 동방 박사라는 명칭은 영어로는 'magi'로, 우리가 흔히 생각하는 박사(doctor)라기보다는 점성술사에 더 가까웠을 것이다. 그들이 자신들의 땅에서 어떠한 사회적 지위를 가졌는지는 복음서가 주는 정보만으로는 알 수 없다. 그들을 아시아의 현자(賢者)로 보기도 하지만, 그 역시 입증할 자료가 없다. 중요한 것은 그들이 박사였든 점성술사였든 현자였든, 자신들이 살던 익숙한 세계를 떠나는 순간 낯선 이방인, 즉 사회적 소수자 또는 약자의 처지가 되었을 거라는 사실이다. 이처럼 가난한 아기 예수를 가장 먼저 환영한 이들은 가난하고 연약한 존재들이었다.

위대한 인물의 탄생 설화는 그 설화를 공유하는 공동체의 관심과 기대를 반영한다. 초대 그리스도교 공동체들은 아기 예수의 탄생 소식이 왕이나 제사장 같은 정치적, 종교적 권력자가 아니라 가난하고 연약한 사람들에게 먼저 알려졌다는 것을 강조함으로써, 예수가 작은 자들의 메시아라는 믿음을 표현한 것이다. 그것은 가난하고 힘없는 이들에게는 '기쁜 소식', 곧 '복음(福音, euangelion)'이었고, 부유하고 힘 있는 이들에게는 '나쁜 소식', 곧 '흉음(凶音)'이었다. 헤로데가 아기 예수의 소재를 파악할 수 없게 되자 베들레헴과 그 일대에 사는 두 살 이하의 남자아이를 모두 학살했다는 설화도 메시아의 탄생이 당대 권력자들에게 어떤 의미로 이해되었는지를 말해준다.

크리스마스 연극의 '작은 자' 중에서 '가장 작은 자'는 아기 예수다. 뉴욕 메트로폴리탄 미술관에서 마리아와 아기 예수를 형상화한 작은 나무 조각상을 보고 그 앞에 한참을 서 있었던 적이 있다. 엄마 마리아가 아기 예수에게 젖을 물리고 있는 형상이었다. 그 조각상은 모든 사람처럼 메시아에게도 젖먹이 아기였던 때가 있었다는 상식적 사실을 상기시켜 주었다. 메시아가 세상에 왔다고, "전능하신 삼위일체 하느님의 두 번째 위격"인 "성자 하느님"이 인간이 되었다고, 즉 성육신(成肉身, Incarnation)했다고 하지만, 아기 예수에게는 아직 남을 구원할 능력이 없었다. 오히려 그는 엄마 마리아의 젖을 먹고 아빠 요셉의 보호와 돌봄을 받지 않으면 단 며칠도 살 수 없었을 연약하고 무력한 존재였다. 무력한 하느님이었다.

후대의 신학적 발전 과정에서 예수의 신성(神性)을 강조하면서 마리아의 칭호를 "하느님의 어머니"라는 의미의 테오토코스(Theotokos)로 정하기도 했지만, 베들레헴의 마리아는 '인간 아기 예수'의 '인간 엄마'였다. 아기 예수는 엄마의 젖을 먹고, 때로는 울기도 하고, 아프기도 하고, 배시시 웃기도 하며 엄마를 기쁘게도 슬프게도 걱정하게도 했을 것이다. 이렇게 예수의 탄생 설화는 타인의 돌봄을 받아야만 하는 무력한 존재에서 타인을 사랑하고 돌보는 메시아적 존재로 성장하는 인간 예수의 길이 시작된 출발점을 알려 주기에 소중하다.

아기 예수가 태어난 후 30여 년 뒤, 예수를 따르던 제자 베드로는 스승 예수를 그리스도, 즉 메시아로 고백한다. 그렇다면 예수는 언제부터, 몇 살부터 메시아였을까? 요한복음서는 천지가 창조되기 전부터 로고스(logos), 즉 '말씀'이신 그리스도가 있었다고 하지만 그것은 신앙적 진실이지 역사적 사실은 아니다. 역사 속 예수의 삶을 보면 최소한 아기 때나 소년 시절에는 우리가 기대하는 메시아가 아니었음을 알 수 있다.

마르코복음서와 요한복음서는 아예 예수의 탄생과 유년 시절에 관한 이야기를 생략하고 바로 세례자 요한과의 만남 사건부터 이야기를 시작한다. 물론 앞에서 살펴본 것처럼 마태오복음서 루가복음서에는 예수의 탄생 설화가 있지만, 그 역시 어린 시절과 성장기 이야기는 거의 없다. 예수의 탄생 설화 다음에 바로 공생애로 넘어간다. 그 사이에는 헤로데의 학살을 피해 이집트로 갔다가 돌아온 이야기, 열두 살 때 부모와 떨어져 예루살렘 성전에 있었던 이야기뿐이다.

이러한 유소년, 청소년 시기 이야기의 부재는 그때까지 예수는 메시아가 아니었다는 것을 뜻한다. 만약 예수의 메시아성이 어린 시절에 이미 발현했다면 복음서를 쓴 사람들은 틀림없이 그런 설화들을 기록했을 것이다. 복음서가 예수의 어린 시절을 언급하지 않은 까닭은 예수도 그 시대의 다른 '예수들'과 마찬가지로 평범한 아이였기 때문일 것이다.

성장기 예수의 평범성은 그를 알던 사람들의 말을 통해 더 잘 알 수 있다. 마르코복음서를 보면, 예수가 고향인 나자렛에 가서 가르침을 전했을 때 동네 사람들이 깜짝 놀랐다는 에피소드가 있다. 자기들이 오랫동안 알고 지내온 바로 그 평범한 예수가 그렇게 비범한 지혜를 가르치는 것이 도무지 믿기지 않아서였을 것이다. 예수의 가르침을 들은 고향 사람들이 웅성거린다.

> 저 사람은 그 목수의 아들이 아닌가? 어머니는 마리아요, 그 형제들은 야고보, 요셉, 시몬, 유다

가 아닌가? 그리고 그의 누이들은 모두 우리 동
네 사람들이 아닌가? 그런데 저런 모든 지혜와
능력이 어디서 생겼을까?

- 마태오 13장 55~56절

만약 예수가 어린 시절부터 비범한 아이였다면 그들은 그렇게 놀라지 않았을 것이다. 이제 무력하고 평범한 아기 예수, 소년 예수가 지혜와 능력을 갖춘 그리스도, 즉 메시아가 되어가는 여정을 더 따라가 보자. 그 첫 장소는 사막이다.

사막의 유혹과 투쟁

예수는 세례를 받은 후 성령에 이끌려 사막으로 가서 40일 동안 지냈다. 이는 위대한 종교적 성인들이 인생의 어느 단계에서 집중적 수행을 위해 사막이나 산, 혹은 동굴 같은 황량하고 외진 곳으로 가는 전형적 패턴을 보여준다. 붓다도 출가하여 숲에서 6년 동안 고행과 명상을 했고, 바오로도 신비 체험 후 아라비아 사막으로 가서 3년을 지냈고, 무함마드도 사막에 솟은 자발 알-누르(Jabal al-Nour) 산의 히라(Hira) 동굴에서 홀로 명상하는 중에 신의 계시를 받았다.

사막은 고독하고 고요하고 평화로운 곳 같지만, 수행자와 구도자들에게는 세상보다 더 치열한 영적 전쟁터다. 가장 무섭고 힘겨운 적인 에고(ego)의 욕망과 어둠에 맞서 싸워야 하기 때문이다. 예수도 사막에서 40일 동안 평화롭게 기도하고 명상만 한 게 아니라 악마의 유혹에 맞서 격렬히 싸웠다. 예수에게 사막은 '평화'의 장소가 아니라 '투쟁'의 장소였다.

예수가 맞서 싸운 악마는 호락호락한 상대가 아니었다. 악마의 첫 번째 유혹은 "하느님의 아들"이거든 돌로 빵을 만들어 보라는 것이었다. 이때 악마가 '하느님의 아들'이라는 호칭을 사용한 것은, 예수가 성령에 이끌려 사막으로 나오기 직전 세례를 받을 때 '하느님의 아들'로 인정받은 것과 관련이 있어 보인다. 그만큼 악마는 예수를 무척 잘 알고 있었던 것이다.

이 악마의 유혹 이야기에서 더 주목해야 할 것은 '악마의 성서 사용법'이다. 악마의 첫 번째 유혹을 예수는 "성서에 기록하기를 '사람은 빵만 먹고 사는 것이 아니다'라고 하였다(루가 4장 4절)"라면서 성서 말씀을 들어 물리친다. 그리고 자기에게 무릎을 꿇으면 세상 모든 권세와 영광을 주겠다는 악마의 두 번째 유혹도 "'주님이신 너의 하느님을 예배하고 그분만을 섬겨라'라고 성서에 기록되어 있다" 하고 대답하면서 물리친다(루가 4장 5~8절). 모두 성서의 권위에 의지해 한 말이다. 그러자 교활하고 영악한 악마는 예수를 예루살렘으로 데리고 가서 성전 꼭대기에 세우고는, "당신이 하느님의 아들이거든 여기에서 뛰어내려 보시오"라고 말하고, 이어서 성서를 인용한다. "성서에, '하느님이 천사들을 시켜 너를 시중들게 하시리니 그들이 손으로 너를 받들어 너의 발이 돌에 부딪히지 않게 하시리라' 하지 않았소?" 악마도 성서를 읽고 자신의 악한 목적을 위해 성서를 사용하는 것이다!

악마의 유혹과 성서에 대해 생생하게 묘사해 주는 그림이 하나 있다. 뉴욕 메트로폴리탄 미술관이 소장·전시하고 있는 16세기 네덜란드 화가 요아힘 파티니르(Joachim Patinir)의 작품 〈성 제롬의 참회(The Penitence of Saint Jerome)〉다. 이 작품의 오른쪽 그림은 위대한 사막 교부 대 안토니(Anthony the Great)를 묘사한 것이다.

놀랍게도, 안토니가 읽고 있는 성서를 악마들이 붙잡고 있다. 통속적 공포 영화에서는 악마나 악령의 얼굴에 '거룩한 책'인 성서를 들이대면 비명을 지르며 괴로워하거나 무서워 떨며 달아나는데, 이 사막의 악마들은 너무도 천연덕스럽게 안토니의 성서 독서와 묵상을 방해하고 있다. 예수를 유혹한 사막의 악마도 자유롭게 자의적으로 성서를 활용했다. 복음서의 이야기와 파니티르의 그림이 가르쳐주는 것은 악마는 성서를 가지고도 인간을 유혹할 수 있다는 것이다. 종교적 경건조차도 악마의 유혹 수단이 될 수 있다. 이러한 악의 교활함을 고정희 시인이 적나라하게 드러낸다.

16세기 네덜란드 화가 요아힘 파티니르(Joachim Patinir)의 작품
〈성 제롬의 참회(The Penitence of Saint Jerome)〉, 뉴욕 메트로폴리탄 미술관 소장
ⓒWikimedia

악령은 시궁창 모습으로 살지 않습니다
악령은 마귀 얼굴로 다가오지 않습니다
악령은 누추하거나 냄새나는 손으로
악수하지 않습니다
악령은 무식하거나 가난하지 않으며
악령은 패배하거나 절망하지 않습니다
악령은 성내지 않으며 교만하지 않으며
무례를 범하지 않습니다
악령은 아름답습니다
악령은 고상하며 인자스럽고
악령은 언제나 매혹적이며 우아하고
악령은 언제나 오래 기다리며 유혹적이며
악령은 언제나 당당하고 너그러운 승리자의
모습으로 우리를 일단 제압한 뒤
우리의 밥그릇에 들어앉습니다
악령은 또 하나의 신념입니다.

- 고정희, 「다시 악령의 시대를 묵상함」 부분,
『모든 사라지는 것들은 뒤에 여백을 남긴다』, 창비, 1992

복음서는 예수가 물질과 권력과 경건의 유혹을 모두 물리치자 악마가 떠나갔다고 한다. 그런데 악마는 정말 떠나갔을까? 악마는 최종적으로 패배한 것일까?

최후의 유혹

세상을 떠나 사막이나 산속에서 평화와 신비를 경험한 이들이 다시 세상으로 돌아오는 것은 그리 쉬운 일이 아니다. 돌아온 세상에선 사소하고 지루하고 번잡한 일상을 견뎌야 하고, 심지어 예수처럼 고통과 죽음을 감수해야 할지도 모르기 때문이다. 존 로널드 루엘 톨킨(J.R.R. Tolkien)의 원작을 바탕으로 한 영화 〈반지의 제왕〉의 마지막 장면들은 신비와 일상 사이의 긴장을 보여준다. 절대악 사우론과의 영웅적 싸움에서 승리하고 고향 샤이어로 돌아온 프로도, 샘, 메리, 피핀은 마을 주막에서 맥주를 마신다. 마을의 유쾌한 호빗들은 언제나처럼 떠들썩하고 흥겹게 잔치를 벌이지만, 프로도 일행은 자기들끼리 어색한 미소를 주고받으며 조용히 술잔을 기울인다.

그들이 겪었던 신비하고 놀라운 일을 마을의 다른 호빗들은 들어도 믿지 않을 것을 알기에 자신들의 영웅담을 들려줄 생각을 못 한다.

원작과 영화 모두에서 네 호빗 중 영웅은 프로도이고 나머지는 영웅의 보조자다. 특히 하층민에 속하는 샘은 주인 프로도가 힘겨운 사명을 완수할 때까지 충실한 하인으로 곁에서 동행했다. 하지만 영적 여정의 관점에서 보면 진정한 영웅은 프로도가 아니라 샘일지도 모른다. 프로도는 신비 후의 일상을 견디지 못한다. 전에는 의미 있었던 낯익은 일상이 신비를 경험한 후에는 낯설어지고 무의미해 보였기 때문일 것이다. 결국 일상의 비루함을 견딜 수 없었던 프로도는 신들과 요정들의 세계로 떠나간다. 신비로 돌아가는 것이다. 샘, 메리, 피핀은 프로도를 떠나보내고 마을에 남는다. 샘은 사랑하는 가족과 함께 일상을 살아간다. 이제 그는 평범한 일상 속에서 비범한 신비를 기억하고 재체험하며 변화된 삶을 살아가게 될 것이다. 신비 후에도 일상에 남아, 때로는 힘겹게 때로는 기쁘게 계속 살아갈 샘은, 일상을 버리고 신비로 돌아간 프로도보다 더 위대한 신비가가 아닐까? 세상 속에서 세상을 넘는 일상의 신비가 말이다.

예수가 악마의 세 가지 유혹을 물리쳤을 때, 악마가 물러가고 천사들이 찾아와 시중을 들었다고 한다. 분명히 평화롭고 신비로운 상태였을 것이다. 힘겨웠던 영적 투쟁을 마친 예수는 그 평화와 신비 속에 오래오래 홀로 머물고 싶어 했을지도 모르겠다. 만약 그랬다면 그것은 물질과 권력과 경건의 유혹을 물리친 예수에게 다가온 네 번째 유혹, 즉 최후의 유혹이었을 것이다. 어쩌면 예수에게 가장 어려운 최후의 유혹은 천상적 신비에 머물라는 내면의 은밀한 욕망이 아니었을까? 이는 보리수나무 아래서 깨달음을 이룬 붓다에게 세상을 버리고 홀로 열반(Nirbana)에 들라는 마라(Mara)의 마지막 유혹을 떠올리게 한다. 그러나 붓다는 땅을 흔들어 마라를 물리치고 세상으로 돌아와 지혜와 자비의 교사가 되었다. 예수도 악마의 모든 유혹에서 승리한 후 개인적, 내적 신비에 머물지 않고, 가난한 이들의 땅 갈릴래아로 돌아왔다. 십자가의 고통과 죽음을 예감하면서도 슬픔과 기쁨의 일상으로 돌아온 것이다.

구도자의 영적 여정을 은유적, 회화적으로 잘 보여주는 것이 선불교의 〈심우도(尋牛圖)〉다. 한 구도자가 진리를 상징하는 소를 찾아[심우(尋牛)] 산으로 들어가고, 그 소를 발견하고[견우(見牛)], 잡고[득우(得牛)], 길들이고[목우(牧牛)], 올라타고 집으로 돌아오는[기우귀가(騎牛歸家)] 이야기다. 흥미로운 것은 이 심우도에는 두 가지 다른 엔딩이 있다는 사실이다. 보명 선사(普明禪師)의 〈목우십도송(牧牛十圖頌)〉은 소도 사람도 모두 사라지고[쌍민(雙泯)] 궁극적 진리를 상징하는 원(圓)만 남는 경지에서 끝난다. 반면 곽암 선사(廓庵禪師)의 〈심우도〉는 소도 사람도 모두 사라지는 인우구망(人牛俱忘)의 단계를 넘어, 구도자가 최종적으로 저잣거리로 들어가 지혜와 자비의 손을 내미는 입전수수(入廛垂手)로 끝난다. 곽암의 마지막 그림은 궁극적 깨달음의 개인적 성취에서 멈추지 않고 세상으로 다시 돌아와 중생을 구원하기 위해 지혜와 자비의 삶을 실천하는 보살(菩薩, bodhisattva)의 모습을 보여준다.

인류 역사에서 수많은 구도자들이 황량한 사막으로, 높은 산으로, 깊은 동굴로 떠났다. 그들 중에는 붓다만큼, 예수만큼 근원적 깨달음과 신비를 체험한 신비가들도 있었을 것이다. 그러나 내적 평화와 초월적 신비에 유혹당해 쌍민 또는 인우구망의 경지에 홀로 머무르면서 세상으로 돌아오지 않은 신비가들도 적지 않았을 것이다. 그들은 자신을 구원했을지는 모르지만, 세상을 구원하지 않았다는 점에서 소승적(小乘的) 신비가들이었다. 반면 붓다와 예수는 치열한 깨달음 또는 신비 체험의 과정을 거쳐, 고통받는 모든 존재를 구원하고 해방하기 위해 세상으로 돌아온 대승적(大乘的) 신비가들이었다. 불교와 그리스도교는 고통받는 이들을 구원하기 위해서 세상으로 돌아온 대승적 신비가들의 자비와 사랑에서 시작했다.

겸손한 예언자 요한

한 소리 있어 외친다. "야훼께서 오신다. 사막에 길을 내어라. 우리의 하느님께서 오신다. 벌판에 큰길을 훤히 닦아라. 모든 골짜기를 메우고, 산과 언덕을 깎아내려라. 절벽은 평지를 만들고, 비탈진 산골길은 넓혀라. 야훼의 영광이 나타나리니 모든 사람이 그 영화를 뵈리라. 야훼께서 친히 이렇게 약속하셨다."

- 이사야서 40장 3~4절

그리스도인들은 이사야서의 이 예언을 매우 중요하게 여긴다. 최초의 그리스도인들도 마찬가지여서 마태오, 마르코, 루가, 요한 이렇게 네 복음서 모두 "광야에서 외치는 이의 소리가 들린다. '너희는 주의 길을 닦고 그의 길을 고르게 하여라'"라는 이사야의 예언을 인용하면서, '광야에서 외치는 이'를 세례자 요한으로 명시한다. 그리스도인들은 세례자 요한을 예수의 길을 예비한 예언자로 여긴다.

세례자 요한이 중요한 예언자인 것은 맞지만, 그리스도인들의 눈에 그는 하느님 나라 운동의 주인공은 아니다. 그리스도인들은 세례자 요한을 예수의 구원 드라마에 등장하는 조연으로 생각한다. 세례자 요한 자신도 자기 뒤에 올 메시아에 대해 자기는 "이분의 신발 끈을 풀어드릴 만한 자격조차 없는 몸(요한 1장 27절)"이라고 말했다. 하지만 이는 위대한 예언자의 겸손한 표현이다. 복음서 곳곳에는 세례자 요한을 높이 평가하는 이야기들이 있다. 그의 동시대 유대인들은 세례자 요한을 "참 예언자"라고 생각했고(마르코 11장 32절), 예수도 그를 그때까지의 사람들 중 "가장 큰 인물"이며 "다시 오기로 한 엘리야"라고 극찬했다(마태오 11장 11, 14절).

신학자들 중에는 예수가 세례자 요한의 제자였다고 보는 이들도 있다. 그러한 주장의 역사적 사실성 여부에 대해서는 논란의 여지가 있고 자료도 부족하지만, 최소한 청년 시절의 예수는 세례자 요한과 깊은 관계를 맺고 있었던 것으로 보인다. 세례자 요한이 헤로데에게 죽임당했을 때도, 그의 제자들이 예수를 직접 찾아와 소식을 전했던 것을 보면 예수는 어떤 형태로든 요한의 공동체와 연결되어 있었음을 알 수 있다.

세례자 요한과 예수의 직접적 관계에 대한 복음서의 기록은 많지 않지만, 복음서에 포함된 기록에 따르면 둘은 이종사촌 간이었다. 흥미롭게도 둘의 첫 만남이 이루어졌을 때는 그들이 태어나기 전이었다. 앞에서 언급했듯이, 신비하게 수태한 마리아가 자신처럼 수태한 엘리사벳을 방문했을 때, 엘리사벳의 배 속에 있던 아기(요한)가 기뻐서 뛰놀았다. 태어나기 전부터 서로를 반겼던 예수와 요한은 영혼의 형제였던 게 아닐까.

자라면서 예수와 요한이 또 만났는지, 어울려 함께 놀았는지, 서로의 특별한 소명에 대해 알고 있었는지, 우리로서는 알 길이 없다. 성인이 된 그들이 처음-혹은 다시-만난 때는 그들의 나이 서른 무렵이었다. 어느 날 예수가 요르단강으로 찾아가 요한에게서 세례를 받았다. 요한과 예수, 두 위대한 예언자가 공적으로 만난 사건이었다. 예수가 요한에게서 세례를 받고 물속에서 올라올 때, 하늘이 갈라지며 성령이 비둘기 모양으로 예수에게 내려왔다. 그리고 하늘에서 소리가 들렸다. "너는 내 사랑하는 아들, 내 마음에 드는 아들이다(마르코 1장 11절)." 이 모든 과정을 지켜보았을 세례자 요한의 마음은 기쁨으로 벅차올랐을 것이다.

예수가 요한을 특별하게 생각하며 존중했음을 알려 주는 것은, 흥미롭게도 우리말 성서 번역이다. 앞에서 이야기했듯이 우리말 성서들의 복음서 번역을 보면 예수는 거의 매번 '반말'로 가르치고 대화하고 논쟁한다. 상대적으로 더 현대적 입장의 『공동번역성서』와 『새번역』 성서도 예수의 말 대부분을 반말로 번역했다. 그런데 유독 세례자 요한과 대화할 때는 예수가 '존댓말'을 사용한 것으로 번역한다. 마르코복음서는 예수가 세례를 받을 때 요한과 나눈 이야기를 기록하고 있지 않지만, 마태오복음서는 아래와 같이 기록하고 있다.

> 예수께서 요한에게 세례를 받으시려고, 갈릴리를 떠나 요르단강으로 요한을 찾아가셨다. 그러나 요한은 "내가 선생님께 세례를 받아야 할 터인데, 선생님께서 내게 오셨습니까?" 하고 말하면서 말렸다. 예수께서 그에게 말씀하셨다. "지금은 그렇게 하도록 하십시오. 이렇게 하여, 우리가 모든 의를 이루는 것이 옳습니다." 그제야 요한이 허락하였다.
>
> – 마태오 3장 13~15절

여기서 예수는 요한을 자신의 길을 예비한 종처럼 하대하는 것이 아니라 위대한 동료 예언자를 대하듯 깍듯이 높여 존대한다. 번역자들의 신학적 관점과 의도가 무엇이었는지는 알 수 없지만, 그들도 예수와 요한의 각별한 관계를 느꼈기에 요한에게만큼은 예수가 존댓말을 사용한 것으로 번역한 것이 아닐까?

그리스도인들이 생각하듯 요한이 예수의 길을 예비한 종 같은 이였는지, 아니면 예수의 스승 또는 도반 같은 이였는지는 중요하지 않다. 중요한 것은 요한의 시대적 사명과 역할이다. 예수는 "모든 예언서와 율법이 예언하는 일은 요한에게서 끝난다(마태오 11장 13절)"라고 했다. 그가 말하는 '끝'은 한 시대의 문이 닫히면서 새로운 시대의 문이 열리는 변화의 표지였다. 세례자 요한은 구약 시대의 종결을 나타내는 '최후의 예언자'인 동시에 신약 시대의 시작을 알리는 '최초의 예언자'였다. 예수가 공적 삶을 시작하기 전에 먼저 회개와 세례 운동을 시작하고 이끈 요한은 아직 무명의 예수를 '선생님'으로 극진히 대한다. 그리고 이 위대하고 겸손한 예언자는 새로운 하느님 나라 운동의 문을 열어 준다. 그 문으로 예수가 들어왔다.

실수할 수 있는 사람, 예수

이 장에서 갈릴래아의 유대인 예수와 그의 성장 여정을 탐구한 것은 그리스도인들이 강조하는 예수의 신성(神性)과 인성(人性) 중 후자를 더 조명하려는 의도였다. 왜냐면 지난 2,000여 년의 그리스도교 역사 동안 성부(聖父), 성자(聖子), 성령(聖靈)의 삼위일체(三位一體, Trinity) 하느님의 제2 위격인 '성자 하느님'의 신성을 너무 중시하느라 역사적 예수의 인성을 경시해 왔기 때문이다.

예수의 신성을 과잉 주장하거나 그것만을 유일하게 강조하면, 예수는 인간이 본받고 따를 스승이 아니라 믿고 숭배해야 하는 신이 되고 만다. 물론 예수 그리스도를 신으로 섬기는 것에도 종교적 의미와 아름다움이 있겠지만, 그것을 예수가 바랐던 것 같지는 않다. 예수는 신이 아니라 신을 믿고 사랑하고 따른 '신앙인'이었고, 그 신앙과 사랑이 너무 깊어 신과 하나가 된 '신비가'였다.

인간 예수는 가난하고 무력한 아기로 태어났고, 성장하면서는 자신의 소명을 찾기 위해 분투했다. 복음서는 예수가 자신의 소명을 찾는 과정을 자세히 알려주지 않지만, 무수한 인간적 방황과 번민과 식별과 결단의 순간들이 있었을 것이다. 그리고 당연히 실수와 실패도 있었을 것이다. 알베르트 슈바이처(Albert Schweitzer)가 예수는 "실수할 수 있는(capable of error)" 사람이었다고 한 말은 그리스도인들에게는 불경하게 들릴지도 모른다. 하지만 그리스도인이 믿는 예수가 '인간의 외양을 한 신'이 아니라 실제 '인간'이었다면, 그의 삶에 실수와 실패가 없었을 리 없다. 복음서에도 예수가 심하게 화를 내거나, 차별에 가까운 거친 말을 하거나, 슬퍼하거나 괴로워하는 이야기들이 남아 있지 않은가?

인간 예수는 신 또는 신이나 다름없는 '완전한 인간'이 아니라 신을 사랑한 '온전한 인간'이었다. 예수를 실수하고 실패하면서 배우고 성장하는 존재로 보는 것은, 예수의 종교적 위상과 의미를 위협하는 것이 아니다. 오히려 1세기 갈릴래아의 예수가 21세기 오늘의 우리에게 스승으로, 친구로 더 가까이 다가오게 하는 것이다. 우리처럼 예수도 실수하고 실패하면서 자기 소명을 찾아 살고 죽었다는 사실은 우리도 예수의 길을 따라 걸을 마음과 용기를 내게 해 준다. 예수도 우리도 길 위에 있다.

"우리가 원수를 사랑할 수 있을까?"

3장

전복적
지혜

하느님 이해의 역사

지혜에는 두 종류가 있다. 하나는 관습적(conventional) 지혜로, 당대 문화와 전통을 따르는 것이다. 다른 하나는 전복적(subversive) 지혜로, 세상의 관습과 통념을 거스르는 것이다. 새로운 종교 운동은 전복적 지혜로 시작한다. 하지만 역사 속에서 교리, 의례, 조직 등이 제도화되면서 관습적 지혜로 변질되는 경향을 보인다.

이러한 종교적 제도화는 불가피한 과정이지만, 제도화가 지나쳐 종교 본연의 정신을 왜곡하고 위협할 때 다시 개혁이 일어나 창시자의 전복적 사상과 영성 그리고 삶으로 돌아간다. 불교의 고대 대승불교 운동, 현대 참여불교 운동, 유대-그리스도교 전통의 예언자 운동, 예수의 하느님 나라 운동,

근대 프로테스탄트 종교개혁, 제2차 바티칸 공의회의 쇄신(aggiornamento), 현대의 다양한 정치신학, 해방신학 운동 등이 그 예다. 프로테스탄트는 "개혁된 교회는 계속 개혁되어야 한다(Ecclesia Reformata, Semper Reformanda)"라는 개혁 원리를 내재화했다. 변화하지 않는 존재는 죽는다. 개혁 능력을 잃은 종교는 사멸한다.

종교개혁의 핵심은 세상의 통념을, 그리고 종교 자체의 관습을 거스르는 것이다. 흥미롭게도 붓다는 자신의 가르침을 '세상의 흐름에 거스르는 길'이라는 의미의 역류도(逆流道, patisotagāmī)라고 했다. 불교는 당시 인도의 베다 종교 전통의 관습적 흐름에 역류하는 하나의 전복적 지혜로 시작했던 것이다. 역사적 예수 연구자 마커스 보그(Marcus Borg)도 예수를 "전복적 지혜의 교사"라고 했다. 예수 또한 전통적 유대 종교문화의 흐름을 거스르는 전복적 지혜로 새로운 종교 운동의 길, 즉 역류도의 길을 시작한 것이다. 이 장에서는 예수가 전한 전복적 지혜를 살펴보기로 한다.

카렌 암스트롱(Karen Armstrong)의 『신의 역사(A History of God)』는 아브라함계 전통 종교들인 유대교, 그리스도교, 이슬람의 신관(神觀)이 역사적으로 어떻게 변화해 왔는지를 심도 있게 고찰한 책이다. 여기서 중요한 것은 암스트롱이 탐구한 것이 신 자체의 역사가 아니라 인간의 신관, 즉 신에 관한 인간의 관점과 이해의 역사라는 사실이다.

종교사적으로 보면, 인간의 신 관념은 자연계의 생물과 사물과 현상에 생명이 있다고 믿는 애니미즘[animism, 정령(精靈)신앙] 단계에서 특정한 동식물, 자연물을 신앙의 대상으로 삼는 토테미즘(totemism) 단계로 진화했다. 그리고 신 관념이 형성된 후에는 다신론(多神論, polytheism)에서 시작하여 여러 신 중 한 신을 선택하는 단일신론(單一神論, henotheism)을 거쳐 오직 하나의 신만이 있다고 믿는 유일신론(唯一神論. monotheism)으로 발전했다. 현대에는 인격적 유일신론의 변형 또는 거부로서 초자연적 기적이나 계시에 의존하지 않고 이성을 강조하는 이신론(理神論, deism)이 등장했고, 아예 신은 존재하지 않는다는 무신론(無神論, atheism)도 출현했다. 그리고 모든 존재가 신이라는 범신론(汎神論, pantheism)과 모든 존재 안에 신이 있다는 범재신론(汎在神論, panentheism)도 나타났다. 이와 같은 현대의 새로운 신관들은 전통적 그리스도교 유신론의 지반을 뒤흔들고 있다.

이러한 신관의 변화는 종교를 위협하는 것이 아니라 생동하게 한다. 인간 이성과 경험의 변화에 조응하는 신 이해의 변화가 역사 속에서 신을 계속 살아 있게 하기 때문이다. 암스트롱이 『신의 역사』에서 인용한 한 유대교 랍비의 말은 신관의 변화와 발전을 긍정하게 하는 통찰이다. “하느님은 인간에게 억압적으로 오시는 것이 아니라 인간이 하느님을 받아들이는 능력에 상응하여 오신다." 한 종교 전통에서 변화하고 발전해 온 역사적 신관들 사이에는 공통성과 연속성이 있다. 이제 히브리인의 하느님 관념이 어떻게 변해 왔고, 예수의 신관은 무엇이었는지 살펴보기로 하자.

예수는 유대인이었고, 유대 종교 전통을 떠나지 않았다. 그렇다면 예수의 하느님 체험과 이해의 무엇이 새로웠을까? 그것을 알기 위해선 예수 시대의 유대인들이 공유했던 하느님 이해를 알아야 한다.

히브리성서와 고대 유대 종교 전통이 일관되게 증언하는 하느님은 정의와 자비의 하느님이다. 이집트에서 노예 생활을 하던 히브리인들의 울부짖음을 듣고 역사에 개입하여 그들을 해방시킨 이 신은 부유하고 힘 있는 자에겐 정의로운 심판자며, 가난하고 약한 자에게는 자비로운 보호자였다. 왕권을 정당화해 주는 대가로 숭배받던 고대 세계의 신들과는 전혀 다른 히브리적 해방자 하느님의 출현은 신 관념의 혁명이었다. 그래서 유대-그리스도교의 신관을 윤리적 유일신론(ethical monotheism)이라고 한다.

정의와 자비의 하느님 신앙에 대한 가장 큰 위협은 유대 사회 외부가 아니라 내부로부터 발생했다. 히브리인들이 가나안에 정착한 후 유대 12지파의 동맹 체제인 판관(判官, Judge)

시대가 지속되다가 왕정 시대로 전환하면서 히브리 하느님 신앙이 왕정 이데올로기로 변질된 것이다. 특히 솔로몬 왕이 건축한 예루살렘 성전이 하느님을 예배하는 독점적 장소가 되면서 성전 사제 계급은 특권을 누리게 되었다. 이러한 내부로부터의 위협에 맞선 개혁의 노력이 '예언자 운동'이었다. 예언자들은 불의한 왕들과 타락한 사제들, 거짓 예언자들을 격렬하게 비판했다.

> 이스라엘 집의 지도자들아, (……) 정의에 관심을 가져야 할 너희가, 선한 것을 미워하고, 악한 것을 사랑한다. 너희는 내 백성을 산 채로 그 가죽을 벗기고, 뼈에서 살을 뜯어낸다. 너희는 내 백성을 잡아먹는다. 가죽을 벗기고, 뼈를 산산조각 바수고, 고기를 삶듯이, 내 백성을 가마솥에 넣고 삶는다.
>
> – 미가서 3장 1~3절

> 나는, 너희가 벌이는 절기 행사들이 싫다. 역겹다. 너희가 성회로 모여도 도무지 기쁘지 않다. 너희가 나에게 번제물이나 곡식 제물을 바친다 해도, 내가 그 제물을 받지 않겠다. 너희가 화목

> 제로 바치는 살진 짐승도 거들떠보지 않겠다. 시끄러운 너의 노랫소리를 나의 앞에서 집어치워라! 너의 거문고 소리도 나는 듣지 않겠다. 너희는, 다만 공의가 물처럼 흐르게 하고, 정의가 마르지 않는 강처럼 흐르게 하여라.
>
> – 아모스 5장 21~24절

이렇게 예언자들은 불의한 자들의 제의를 거부하는 정의의 하느님을 격정적으로 선포했다. 그 하느님은 히브리인 노예들을 이집트에서 해방한 정의와 자비의 신이었다.

신 이해의 역사는 계속된다. BCE 722년에 북이스라엘이 아시리아에 멸망하고, BCE 586년에 남유다가 신바빌로니아에 멸망하면서, 유대 사회에서 종교 엘리트들의 영향력이 오히려 크게 증대된다. 독립적 정치권력의 부재가 사제 계급과 율법학자들의 종교권력을 형성하고 강화한 것이다. 이들 종교권력은 모세의 율법을 문자적으로 지킬 뿐만 아니라 더 복잡하고 상세한 문화적 규칙을 추가했다. 그것도 일종의 당시 시점에서의 '현대화'라고 할 수도 있지만, 문제는 율법을 준수하면 하느님이 복을 주고 위반하면 벌을 준다는 징벌적 하느님 이해가 과잉되었다는 사실이다.

인간처럼 분노하고 벌을 주는 신 이해에 대한 문제의식

과 비판은 유신론 전통 내부에서도 일어났다. 2세기 시노페의 마르키온(Marcion of Sinope)은 구약성서가 증언하는 하느님은 악한 물질세계를 창조한 저급한 신 데미우르고스(Demiurgos)이며 폭력과 복수의 신인 반면, 신약성서가 고백하는 하느님은 정의와 사랑의 신이라고 주장했다. 그리고 구약성서와 그 안의 하느님 신앙은 버려야 한다고 주장했다. 그 때문에 마르키온은 이단으로 파문당했지만, 적지 않은 그리스도인이 구약의 징벌적 하느님 묘사와 이해에 대해 불편함을 느낀다.

어린 시절 내게 하느님은 잘못하면 혼내고 벌을 주는 '무서운 할아버지' 같은 신이었다. 일요일에 교회에 가면 전도사는 늘 지난 한 주 동안 지은 죄를 회개하라고 어린 우리에게 요구했다. 여섯 살, 일곱 살, 그 어린 나이에 죄를 지어봤자 얼마나 큰 죄를 지었을까? 우리는 "친구와 싸웠습니다", "엄마에게 거짓말을 했습니다", "숙제하지 않고 놀았습니다" 등등 있는 죄 없는 죄를 다 생각해 내야 했다. 그렇게 죄를 고백하고 나면 전도사는 "우리 죄를 위해 예수님이 돌아가시고 부활하셨습니다"라고 선언했다. 내 죄 때문에, 엄마 말 좀 안 들은 죄 때문에 예수님이 돌아가셨다니! 이해되지는 않았지만, 아무튼 하느님은 무서웠고 예수님에게는 미안하고 고마웠다.

예수 당시의 유대인들도 하느님을 두려워했다. 물론 신에 대한 두려움은 병적 또는 부정적 감정이 아니다. 두려움은 무한한 존재 앞에서 유한한 인간이 느끼는 경건한 감정이다. 루돌프 오토(Rudolf Otto)는 『성스러움의 의미(The Idea of the Holy)』에서 초월적 존재나 현상 앞에서 인간이 느끼는 감정을 "두렵고 매혹적인 신비(mysterium tremendum et fascinans)"라고 했다. 문제는 그 두려움의 원천이 무한과 유한 사이의 심연에 대한 겸손한 자각이 아니라, 전지전능하지만 인간처럼 성내고, 벌을 주고, 보복하는 심판자 하느님에 대한 공포였다는 것이다.

예수가 체험하고 증언한 하느님은 무자비한 심판자가 아니라 무조건적 자비와 사랑의 신이었다. 예수는 자신이 체험하고 이해한 하느님을 아바(Abba)로 불렀다. '아바'는 아람어로 우리말 '아빠'처럼 아버지를 친밀하게 부르는 말이다. 예수는 아빠 같은 하느님과의 친밀함을 사유(私有)하지도 독점하지도 않았다. 오히려 모든 이들이 자신처럼 하느님을 아바로 체험하길 원했다. 훗날 사도 바오로가 하느님을 "아빠, 아버지!"라고 부르며 기도한 것을 보면, 첫 그리스도인 공동체도 하느님을 친밀한 아빠 같은 존재로 믿고 고백했던 것으로 보인다.

이러한 자비로운 하느님, 자애로운 하느님은 예수가 찾았거나 상상해 낸 새로운 신일까? 예수는 마르키온처럼 폭력과 복수의 신을 부정한 것일까? 그렇지 않다. 히브리성서 전통에도 자비롭고 자애로운 하느님 체험과 고백이 있었다. 하느님은 위대한 히브리 예언자 엘리야가 절망 상태에서 로뎀나무 그늘에 누워 하느님에게 차라리 죽여 달라고 호소했을 때 천사를 보내 "불에 달군 돌에 구워낸 과자와 물 한 병"으로 기력을 회복하게 하고, 호렙산에서 "조용하고 여린 소리"로 사명을 준 자애로운 하느님이었다. 그런 의미에서 예수는 '새로운' 하느님을 만난 게 아니라, 히브리 전통의 오래된, 그러나 잊힌 하느님을 '새롭게' 다시 만난 것이었다. 예수가 체험하고 전한 그 하느님에 대해 야고보는 "주님께서 베푸시는 연민과 자비는 참으로 풍성합니다(야고보서 5장 11절)"라고 고백한다.

“예수의 아버지는 어머니였다!”

예수가 자애로운 아바 하느님을 믿고 고백한 것은, 당시의 징벌적, 제왕적 하느님 이해에 도전하는 것이었다. 하지만 오늘의 성평등 시각에서 보면 그 역시 한계가 있는 고백이며 표현이다. “왜 하느님은 남성인 ‘아버지’여야만 하는가?”라는 의문을 피할 수 없는 것이다. 여성신학자 샐리 맥페이그(Sallie McFague)는 가부장제적인 ‘아버지 하느님’ 은유 대신 “어머니로서의 하느님(God as Mother)”이라는 은유를 사용할 것을 제안했다. 생명을 낳고 기르는 우주적 어머니로 하느님을 이해하자는 것이다. 도가(道家)에서 말하는 ‘만물의 어머니[萬物之母]’로서의 도(道)를 연상하게 하는 신학적 주장이다.

이렇게 ‘하느님 아버지’라는 은유를 ‘하느님 어머니’라는 은유로 대체하는 것은 가능하고, 굽힌 것을 펴기 위해서는 굽힌 힘과 같은-혹은 그 이상의-힘이 필요하니 어머니 하느님을 더 강조할 수도 있다. 하지만 하느님을 인간과 동일한 형상으로 이해하는 신인동형론(神人同形論, anthropomorphism)을 전제로 하느님의 여성성을 강조하게 되면, 단순히 남신(男神)을 여신(女神)으로 대체하는 것에 그칠 수 있다. 신의 남성성이나 여성성은 신의 생물학적 성(sex) 자체라기보다는 신의 속성(attribute)을 가리키는 은유다. 그러므로 어느 한 성으로의 대체나 고수보다는, 과잉된 부성(父性)의 은유는 덜어내고 결핍된 모성(母性)의 은유는 채우는 균형이 더 필요할 것이다.

사실 유대-그리스도교 전통은 하느님의 부성과 모성을 모두 표현해 왔다. 물론 하느님은 특정한 성에 제약될 수 없는 초월적 신격이지만, 인간의 하느님 이해를 위한 하느님의 속성을 생각할 때는 도움이 되는 은유 또는 상징이다. 하느님의 모성을 잘 나타내 주는 히브리 신명 중 하나가 '엘 샤다이(El Shaddai)'다. 히브리어로 '엘'은 '하느님'을 뜻하고 '샤다이'는 어머니의 '젖가슴'을 뜻한다. 엄마가 아기에게 젖을 먹이듯 모든 존재를 먹이고 기르는 만물지모로서의 하느님인 것이다.

중요한 것은 하느님의 성이 그리스도교적 하느님 이해의 핵심이 아니라는 사실이다. 여신이 남신보다 더 자비롭고 평화로운 것은 아니다. 그리스 신화의 아테나 여신은 지혜의 신이면서 전쟁의 신이다. 힌두 신 중에 칼리(Kali)나 두르가(Durga)는 성으로는 여신이지만 역할은 죽음과 파괴의 신이다. 유대-그리스도교 전통에서 말하는 하느님의 여성성은 도가적 의미의 모성에 더 가깝다.

여기서 또 다른 의문들이 꼬리에 꼬리를 물고 일어날 수 있다. 모성도 결국 여성성이므로, 하느님을 다시 신인동형론의 틀에 가두는 것이 아닌가? 게다가 여성의 모성을 강조하는 것도 돌봄을 여성의 고유한 역할로 고정함으로써 여성을 억압하고 착취하는 한 방식이 아닌가? 중요한 의문들이다. 하지만 하느님의 모성을 여성성과 단순히 동일시할 필요는 없다. 하느님은 인간의 몸에도 생각에도 제약될 수도 없는 초월적 존재이기 때문이다.

'돌봄 민주주의(Caring Democracy)'를 제안하는 조안 C. 트론토 (Joan C. Tronto)는 '모성적 인간(mothering person)'이라는 개념을 사용한다. 남성이든 여성이든 양육하고 돌보는 어머니와 같은 역할을 하는 사람(person)이 모성적 인간이라는 것이다. 그렇다면 예수가 만난 하느님은 '모성적 신(mothering God)'이었다고 할 수 있지 않을까? 실제로 예수가 이해한 하느님은 "병아리를 날개 아래 모으는 암탉 같은 신(마태오 23장 37절)"이었다. 더 흥미로운 것은, 모성적 하느님을 가장 잘 보여주는 모델은 예수가 들려준 "돌아온 탕자 비유"에 등장하는 '아버

렘브란트(Rembrandt)의 〈돌아온 탕자(The Return of the Prodigal Son)〉,
예르미타시 박물관 소장 ©Wikimedia

지'라는 사실이다.

루가복음서에 따르면 스토리는 이렇다. 어떤 사람에게 두 아들이 있었는데, 첫째 아들은 아버지에게 순종하며 집안일을 잘했지만, 둘째 아들은 아버지의 유산을 미리 달라고 해서 받은 후 집을 나가서 방탕한 생활을 하다 알거지가 되고 만다. 그래서 집으로 돌아와 아버지의 품꾼이 되어 굶주림이라도 면해 보려고 한다. 그런데 집으로 돌아오는 아들을 멀리서 본 아버지는 측은한 생각이 들어 달려가 아들의 목을 끌어안고 입을 맞추었다. 그리고 제일 좋은 옷을 꺼내어 입히고 가락지를 손에 끼워 주고 신을 신겨 주었다. 심지어 살찐 송아지를 잡아 큰 잔치를 벌였다. 이 비유에서 아버지가 보인 모습은 자애로운 어머니의 모습과 다르지 않다. 그래서 렘브란트(Rembrandt)는 〈돌아온 탕자(The Return of the Prodigal Son)〉(1669)라는 그림에서 아버지의 왼손은 '남성의 손'으로 오른손은 '여성의 손'으로 표현했다. 렘브란트의 이 그림에 대해 성찰한 한국의 신학자 송기득은 어느 쪽으로든 편 가르기에 빠지기 쉬운 이분법적 하느님 이해 자체에 균열을 내며 마치 선사(禪師)의 파격적 화두처럼 말한다.

"예수의 아버지는 어머니였다!"

성전의 벽을 넘어

코로나19 팬데믹은 사회 전체는 물론 그리스도교 교회에도 여러 변화를 가져왔다. 가장 큰 변화는 교회와 예배의 장소성에 대한 그리스도인의 이해가 달라졌다는 것이다. 사회적 거리두기에 따라 교회에 모여 예배하지 못하게 되면서, 교회는 유형의 건물이고 그곳만이 예배의 장소라는 고정 관념이 깨어졌다. '물리적 교회'에 모이지 못해도 '관계적 교회'로 존재할 수 있다는 것을 체험한 것이다.

예배의 장소성에 대한 물음은 예수 시대에도 있었다. '하느님은 누구인가?'라는 질문만큼 중요한 것이 '하느님은 어디에 계시는가?'라는 질문이었기 때문일 것이다. 원래 히브리인들의 하느님 체험은 장소에 제약되는 정적 사건이 아니라 인간의 삶의 자리에 함께하는 동적 사건이었다. 인간이 신을 만나는 장소를 특별한 신전이나 특정한 성소로 믿던 시대에, 히브리인들의 하느님은 길 위에서 움직이는 신으로 나타났다. 그 하느님은 이집트에서 노예 생활을 하고 있던 히브리인들을 해방해, 사막을 건너 가나안으로 가는 길을 밤에는 불기둥으로 낮에는 구름 기둥으로 앞장서 인도하는 동적 존재였다. 물론 히브리 공동체에도 인간과 신이 만나는 특별한 공간이 있었지만, 그것은 부동의 성전(Temple)이 아니라 메고 이동이 가능한 거룩한 상자인 성궤(聖櫃)를 두는 거룩한 장막인 성막(聖幕, tabernacle)이었다. 히브리 하느님 신앙의 기원인 아브라함의 하느님이 유목적 신이었던 것을 상기하면, 히브리인들의 유목적이고 동적인 신 이해의 독특성을 이해할 수 있다.

하지만 히브리인들이 가나안에 정착하고 국가 형태를 이룬 뒤 솔로몬 왕 시대에 하느님을 모시는 성전이 건축된다. 그 이후로 예루살렘 성전은 유대 종교와 사회의 중심 장소가 되었고, 하느님을 만나기 위해 주기적으로 성전에 가는 것이 모든 유대인의 종교적 의무가 되었다. 그 과정에서 성전 제사장들과 율법학자들은 종교권력을 형성하여 유대 민중을 지배하고 억압하게 되었다.

역설적으로 주변 강국의 침략에 의한 성전의 파괴는 고정된 공간, 나아가 특정한 민족으로부터 하느님을 해방하는 신관의 변화를 초래했다. 기원전 6세기 말에 예루살렘 성전이 신바빌로니아의 침공으로 무너지면서, 유대인 신학자들은 하느님이 계신 장소의 파괴라는 충격적 사건을 신학적으로 해석해야만 했다. 하느님이 성전에만 계신다면, 성전이 파괴될 때 하느님은 어떻게 되는가의 문제였다. 또한 이스라엘의 하느님이 다른 신을 섬기는 나라에 의해 무너진다면, 하느님의 전능함은 어떻게 되는가의 문제였다. 그러한 신학적 문제에 대한 지적 분투 끝에 나온 해석이 하느님의 '보편적 통치'였다. 즉 하느님은 성전만이 아니라 어디에나 있는 우주적 신이며, 이스라엘만의 민족적 하느님이 아니라 모든 민족의 보편적 하느님이라는 신 관념이 생겨난 것이다. 이스라엘이 잘못했을 때 하느님은 다른 민족을 들어 이스라엘을 벌한다. 그러므로 이스라엘이 망하고 성전이 무너져도 하느님의 전능성은 훼손되지 않는다.

이러한 장소성과 민족성의 해체는 예수에게서 더 급진화된다. 예수는 하느님을 독점하고 있던 성전권력과 격돌했다. 예수는 성전에 갇힌 하느님을 해방해 모든 곳의 모든 이에게 하느님을 돌려주려고 했던 급진적 종교개혁자였다. 하느님을 만나고 예배하는 성전의 의미를 근본적으로 뒤흔드는 예수의 생각과 의도는 예루살렘 입성 전 사마리아 여성과 나눈 대화에서 드러났다.

유대인의 성전은 원래 예루살렘에 하나뿐이었는데, 르호보암 왕 이후 북이스라엘과 남유다로 분단되면서 예루살렘에 갈 수 없었던 북이스라엘 사람들이 그리심산에 성전을 지었다. 그래서 사마리아 여성은 그리심산과 예루살렘 중 '어디서' 예배를 드려야 하냐고 예수에게 물었다. 흥미롭고 의미심장하게도, 예수는 그리심산도 예루살렘도 아닌 "영과 진리로" 예배할 때가 온다고 말한다. 무슨 뜻일까?

『새번역』 성서의 "영과 진리로"라는 표현은 의미가 잘 다가오지 않는다. 신앙의 연륜이 오래된 그리스도인들은 『개역성서』의 "신령과 진정으로"라는 표현이 더 익숙할 것이다. 하지만 이 번역 역시 의미가 불분명하다. '신령'은 뭔가 신비한 행위를 뜻하는 것으로, '진정'은 예배자의 진실한 마음가짐을 가리키는 것으로 이해할 때가 많다. 그 자체로는 의미가 통하지만, 복음서가 나타내려 했던 원래의 의미와는 차이가 있어 보인다. 아마도 복음서의 뜻에 가장 가까운 번역은 『가톨릭 200주년 신약성서』의 "영과 진리 안에서"일 것이다. 영어 NRSV 성서도 "in spirit and truth"로 번역하고 있다. 헬라어 표현 '엔 프뉴마티 카이 알레테이아(εν πνευματι και αληθεια)'의 적합한 번역이다.

여기서 예수는 "하느님은 영"이라고 말하고 있고, 진리는 하느님의 상징인 예수 자신의 존재와 행위이므로, "영과 진리 안에서" 예배해야 한다는 말은 하느님의 영 안에서, 그리스도 안에서 예배해야 한다는 말이다. 이는 그리심 산과 예루살렘 성전 안이라는 특정한 장소를 넘어 하느님의 영과 하느님의 진리인 그리스도가 있는 모든 시공간에서 예배해야 한다는 뜻이다. 이와 같은 예수의 가르침은 예배의 시간과 공간에 대한 이해를 급진적으로 재구성한다.

영과 진리 안에서 예배하는 것의 의미는 우리가 '언제나' 예배할 수 있다는 것이다. 흔히 주일 예배 때마다 "예배를 시작하겠습니다", "예배를 마치겠습니다"라는 말을 한다. 주일 예배의 시작과 끝으로 예배의 시간을 생각하면 보통 일요일 오전 11시에서 12시 사이 한 시간이다. 하루 24시간, 일주일 168시간 중 '한 시간'이 예배 시간인 셈이다. 그것이 예배의 전부라면, 그리스도인의 신앙생활에서 예배는 너무 작은 비중을 차지하는 것이 아닐까? 하지만 '언제나' 예배할 수 있고 예배해야 한다면 그리스도인의 삶 전체가 예배가 될 수 있다.

여기서 중요한 것은 '언제나'라는 부사에는 시간적 의미만이 아니라 행위의 의미도 들어있다는 사실이다. 언제나 예배할 수 있다는 것은, 모든 것이 예배라는 의미이기 때문이다. 정교회(正敎會)에서는 예배를 리뚜르지아(liturgia)라고 한다. 그리스어 레이뚜르기아(leitourgia)에는 '사람들을 위해 하는 일'이라는 뜻이 담겨 있다. 사도 바오로는 "여러분은 먹든지 마시든지 그리고 무슨 일을 하든지 모든 일을 오직 하나님의 영광을 위해서 하십시오(고린도1 10장 31절)"라고 가르쳤다. 하나님의 영과 진리 안에서, 하나님의 영광을 위해 그리스도인이 하는 모든 일이 예배다. 고요하고 깊은 침묵도, 부드러운 대화도, 명료한 지혜를 얻는 공부도, 따뜻한 미소도, 슬픔과 분노의 연대도 모두 예배다.

영과 진리 안에서 예배하는 것의 또 한 가지 중요한 의미는 '어디서나' 예배할 수 있다는 것이다. 흔히 그리스도인은 말씀을 들으러 교회에 간다고, 하나님을 만나러 교회에 간다고 한다. 하지만 우주의 창조자인 하나님이 교회 안에만 있고 교회 안에서만 말할까? 하나님은 성전이 아니라 모든 곳에 있다. 그곳이 어디든 영과 진리 안에서 예배하면 그곳이 곧 성전이며 교회이며 거룩한 장소다. 언제나 예배할 수 있다는 것이 '모든 것'을 예배 행위로 이해하게 한다면, 어디서나 예배할 수 있다는 것은 '모든 곳'을 예배의 장소로 이해하게 한다. 그리스도인이 일상의 삶 속에서 경험하는 '모든 것'이 예배이고 '모든 곳'이 예배의 장소인 것이다.

지난 팬데믹 시대에 교회 문이 닫혔다. 하지만 발상을 달리하면, 교회로 들어가는 문이 닫히면서 세상으로 나아가는 문이 활짝 열렸다고 할 수도 있다. 그리스도인은 예배 장소를 잃은 것이 아니라 모든 곳을 예배 장소로 얻은 것이었다. 하지만 안타깝게도 코로나19 팬데믹 시기 한국교회는 안식일 준수를 명분으로 대면 예배를 고집하다 사회적 물의를 일으켰다. 오늘의 한국 그리스도교는 복음적이기보다는 율법적이었다. 이 안식일 문제는 이 장의 뒷부분에서 상세히 다루기로 한다.

초대교회 시대부터 오늘의 시대까지 이어져 온 하느님 이해의 역사를 돌아보면, 신학적으로는 다양한 진취적 모험이 있어 왔지만, 제도적 교회에서는 오히려 신 이해의 퇴행이 일어난 것을 알 수 있다. 예수가 체험하고 증언한 친밀하고 자애로운 '아바' 하느님을 후대의 그리스도교 교회는 다시 엄하고 권위적인 가부장적 '제왕' 하느님으로 되돌려 버렸다. 결국 하느님과 인간의 거리는 다시 멀어져서, "오, 거룩하시고, 영원하시며, 전지전능하시며…" 등의 종교적 미사여구로 표현하는 하느님은 인간의 다정하고 따뜻한 아빠라기보다는 인간 위에 군림하는 절대 군주처럼 되어 버렸다. 하느님의 역사는 하느님 이해의 역사다. 그러므로 하느님 이해는 변할 수 있고 변해야 한다. 예수가 발견한 아바 하느님을 재발견하는 것, 그것이 이 시대 그리스도인의 과제가 아닐까.

불행한 자들의 행복

예수는 전복적 지혜의 교사였다. 그는 가난하고 연약한 이들이 살고 있는 마을들을 방문하여 하느님 나라 복음을 선포했다. 그의 가르침은 관습적이거나 통념적이지 않고 전복적이어서, 듣는 이들의 정신과 삶을 뒤흔들었다. 그의 가르침에 놀란 사람들은 예수의 말을 "권위 있는 새로운 가르침"이라고 했다. 예수가 남긴 전복적 지혜의 정수는 그의 산상설교(山上說敎)에 들어 있다.

이 산 위에서의 가르침에는 종교의 경계를 넘는 보편성이 있다. 인도의 마하트마 간디(Mahatma Gandhi)는 산상설교를 늘 가까이 두고 묵상했고, 특히 예수의 다음 가르침에 깊은 감명을 받았다고 한다.

> 누가 오른뺨을 치거든 왼뺨마저 돌려 대고 또 재판에 걸어 속옷을 가지려고 하거든 겉옷까지도 내주십시오. (……) 원수를 사랑하고 여러분을 박해하는 사람들을 위하여 기도하십시오.
>
> – 마태오 5장 38~44절

경건한 힌두였던 간디는 자신을 "산상설교 그리스도인(Sermon-on-the-Mount Christian)"이라 불렀고, 예수의 가르침을 따라 악을 선으로 갚는 "비폭력의 사도"가 되었다. 반면 경건한 그리스도인을 자처하는 영국 제국주의자들은 산상설교의 가르침을 위반하며 남의 오른뺨을 치고, 남의 속옷을 빼앗고, 남을 박해하는 폭력의 길을 선택했다. '그리스도인'이 예수 그리스도의 가르침을 믿고 실천하는 사람이라면 간디와 영국 제국주의자들 중 누가 진짜 그리스도인이었을까? 이처럼 예수의 산상설교에는 그리스도인만이 아니라 모든 인류를 위한 전복적 지혜가 들어 있다.

인간은 누구나 행복을 원한다. 하지만 행복한 사람은 많지 않다. 특히 오늘의 한국인은 심각한 불행감에 시달린다. 2023년 유엔 지속가능발전해법네트워크(SDSN)가 제출한 『세계행복보고서』에 따르면 한국인의 주관적 행복도 평균은 10점 만점에 5.951점으로 조사 대상 137개국 중 57위, OECD

38개국 중 35위다. 2021년 유엔무역개발회의(UNCTAD)에서 개발도상국에서 선진국으로 국가 지위가 바뀌었고, 2023년 GDP 세계 13위의 경제 강국인데도 한국인의 불행감은 더욱 깊어지고 있는 것이다. 21세기의 극단적 경쟁과 불평등이 초래한 한국적 '불행의 엔데믹' 때문이다.

1세기 팔레스타인의 유대인들도 극심한 불행감에 시달렸다. 폭력으로 유지되는 '로마의 평화(Pax Romana)'에 짓밟히고, 헤로데 등 로마가 임명한 영주들에게 수탈당하고, 성전과 회당의 종교 엘리트들에게 억압당하면서 몸과 마음이 다 부서졌기 때문일 것이다. 특히 유대 율법에 의해 '죄인'으로 지목된 사람들은 사회적 차별과 혐오와 배제에 시달려야 했다. 어쩌면 불행은 예수가 살았던 시대의 가장 어둡고 고통스러운 표징이었을지도 모른다.

그런데, 놀랍게도, 예수는 자기 시대의 불행한 자들의 행복을 선언한다. 산상설교의 시작이며 절정인 팔복(八福) 선언이 그것이다. 예수의 이 팔복 선언은 우선 마태오복음서에서 볼 수 있다.

> 마음이 가난한 사람은 행복합니다. 하늘나라가 그들의 것입니다. 슬퍼하는 사람은 행복합니다. 그들은 위로를 받을 것입니다. 온유한 사

> 람은 행복합니다. 그들은 땅을 차지할 것입니다. 옳은 일에 주리고 목마른 사람은 행복합니다. 그들은 만족할 것입니다. 자비를 베푸는 사람은 행복합니다. 그들은 자비를 입을 것입니다. 마음이 깨끗한 사람은 행복합니다. 그들은 하느님을 뵙게 될 것입니다. 평화를 위하여 일하는 사람은 행복합니다. 그들은 하느님의 아들이 될 것입니다. 옳은 일을 하다가 박해를 받는 사람은 행복합니다. 하늘나라가 그들의 것입니다. 나 때문에 모욕을 당하고 박해를 받으며 터무니없는 말로 갖은 비난을 다 받게 되면 여러분은 행복합니다. 기뻐하고 즐거워하십시오. 여러분이 받을 큰 상이 하늘에 마련되어 있습니다. 옛 예언자들도 여러분에 앞서 같은 박해를 받았습니다.
>
> – 마태오 5장 3~12절

마태오복음서의 팔복 중 일부는 루가복음서에도 나온다. 그리스도인들은 이를 사복(四福) 선언이라고 부른다.

> 가난한 사람들이여, 여러분은 행복합니다. 하느

님 나라가 여러분의 것입니다. 지금 굶주린 사람들이여, 여러분은 행복합니다. 여러분이 배부르게 될 것입니다. 지금 우는 사람들이여, 여러분은 행복합니다. 여러분이 웃게 될 것입니다. 사람의 아들 때문에 사람들에게 미움을 사고 내어쫓기고 욕을 먹고 누명을 쓰면 여러분은 행복합니다. 그럴 때에 여러분은 기뻐하고 즐거워하십시오. 하늘에서 여러분이 받을 상이 클 것입니다. 그들의 조상들도 예언자들을 그렇게 대하였습니다.

- 루가 6장 20~23절

마태오의 팔복 선언과 루가의 사복 선언은 비슷하면서도 차이가 있다. 우선 마태오복음서의 예수는 "마음이 가난한 사람"을 말하는 반면, 루가복음서의 예수는 단순하게 "가난한 사람"을 말한다. 마태오의 "옳은 일에 주리고 목마른 사람"과 루가의 "굶주린 사람"이라는 표현의 차이도 주목해야 한다. 마태오가 예수의 가르침을 영성화 도덕화했지만, 루가는 예수의 가르침에 담긴 사회적 차원을 그대로 표현한 것으로 보인다. 다시 말해 표현 그대로 사회적으로 가난한 사람, 굶주린 사람에게 행복이 있을 거라는 급진적 주장이다. 루가의 사회적 급진성은 사복 선언에 바로 이어지는 네 가지 불행 또는 화(禍)의 선언을 통해 더 분명하게 드러난다.

> 그러나 부요한 사람들이여, 여러분은 불행합니다. 여러분은 이미 받을 위로를 다 받았습니다. 지금 배불리 먹고 지내는 사람들이여, 여러분은 불행합니다. 여러분이 굶주릴 날이 올 것입니다. 지금 웃고 지내는 사람들이여, 여러분은 불행합니다. 여러분이 슬퍼하며 울 날이 올 것입니다. 모든 사람에게 칭찬을 받는 사람들이여, 여러분은 불행합니다. 그들의 조상들도 거짓 예언자들을 그렇게 대하였습니다.
>
> - 루가 6장 24~26절

루가의 이 네 가지 불행 선언은 마태오에는 없는 내용으로, 자신들만의 행복을 위해 타인의 불행에 무관심하거나 심지어 타인을 불행하게 만드는 권력자들, 엘리트들에 대한 예언자적 사회비판이다.

이처럼 마태오의 팔복 선언과 루가의 사복 선언-그리고 네 가지 불행 선언-은 사회적, 정치적 뉘앙스와 지향에서 차이를 보이지만, 당시의 통념에서 볼 때는 모두 전복적인 지혜라는 공통점을 갖는다. 지금 불행한 사람들에게 그 불행과 비참이 영원하지 않을 것임을 신뢰하며 희망하게 하고, 지금 행복한 사람들에게는 남이 불행한데 홀로 행복하려는 것은 불행을 초래할 욕망이며 망상임을 일깨워 주기 때문이다.

오늘의 불행한 한국인에게 팔복, 사복은 어떻게 가능할까? 아니 가능하긴 한 걸까? 현실의 많은 지표와 예시는 우리를 비관하게 하지만, 영원한 것은 아무것도 없기에 비관적 현실에도 언제나 변화의 가능성이 있다. 그 가능성을 현실성으로 바꾸는 출발점은 '나'의 행복은 '너'의 행복과 연결되어 있다는 상호의존성을 깨닫는 것이다. 공동체성의 각성과 공동체의 구성이 행복에 이르는 길이다. 예수는 그것을 '하느님 나라'라고 불렀다. 이 하느님 나라의 의미에 대해서는 다음 장 전체에서 다루기로 한다.

원수 사랑의 '불가능한 가능성'

안전하고 편안한 관계의 원(circle) 안에서 가족이나 친구나 가까운 이웃을 환대하고 사랑하는 것은 누구나 할 수 있는 일이다. 심지어 대중을 정치적, 종교적으로 억압하는 권력자들도 사랑을 한다. 로마 정치권력은 제국에 충성하는 사람들을 사랑했고, 유대 종교권력은 율법을 준수하는 사람들을 사랑했다. 하지만 그들의 사랑은 조건적 사랑, 차별적 사랑, 곧 '편애'였다. 편애의 그늘에는 사랑할 수 없는 사람들을 향한 싸늘한 냉대와 적대가 있었다.

예수는 조건적, 차별적 편애에 맞서 관계의 원을 급격히 넓히고 최종적으로는 없애려고 했다. 예수의 사랑은 무조건적 사랑, 무차별적 사랑, 곧 '박애'였다. 근대 프랑스 혁명의 3

대 이상인 '자유, 평등, 박애' 중 박애는 아직까지도 정치 체제로는 실현된 적이 없다고 하지만, 고대의 예수가 이미 하느님 나라 운동을 통해 박애를 실현했다. 그러니 박애는 상상하고 희망할 것이 아니라 기억하고 재현해야 하는 것인지도 모른다.

예수의 박애는 너무 급진적이어서, 자신의 영적 뿌리인 예언자 전통마저 넘어섰다. 예언자들은 약자와 이방인을 사랑하라고 했지만, 예수는 원수까지 사랑하라고 했다. "여러분은 원수를 사랑하십시오. 그리고 여러분을 박해하는 자들을 위하여 기도하십시오(마태오 5장 44절)." 하지만 정말 원수 사랑이 가능할까? 원수에게조차 내 집을 개방하고 식탁을 함께할 수 있을까? 예수는 확신 있게 말한다. "하늘의, 여러분의 아버지께서 완전하신 것처럼 여러분도 완전한 사람이 되어야 합니다(마태오 5장 48절)."

원수 사랑은 산상설교의 가장 이상적인, 그래서 더욱 비현실적으로 여겨지기도 하는 전복적 지혜의 절정이다. 무조건적, 무차별적 원수 사랑은 이상적이고 숭고하지만 현실에서는 실현 불가능해 보여서다. 이웃 사랑도 제대로 하지 못하는 게 우리 현실인데 원수까지 사랑하라니, 숨이 막힌다. 게다가 그 원수가 우리가 미워하는 사람이 아니라 우리를 미워하는 사람이라면, 사랑은 더더욱 힘들어진다. '우리가' 미워하는 원수를 사랑하는 것은 우리 의지로 미워하기를 그만두면 어떻게든 가능할 수도 있겠지만, '우리를' 미워하는 원수는 우리 의지대로 될 리 없기 때문이다. 아무리 우리가 원수를 사랑하기로 결단해도 그 원수가 우리에 대한 미움을 버리지 않으면 원수와 우리는 결코 사랑의 관계에 이를 수 없다. 그러니 원수 사랑의 이상은 자괴감과 죄의식만 키워 주는 가혹하고 비현실적 명령인 것만 같다.

하지만 인류의 역사를 보면 그런 원수 사랑의 불가능성을 깨뜨리고 실현해 버리는 예수 같은 사람들이 있었다는 사실을 인정하지 않을 수 없다.

현대 인도에서 비폭력 저항으로 적인 영국 제국주의자들을 사랑하려 했고 그 적의 존경까지 받았던 간디, 남아프리카 아파르트헤이트(Apartheid) 인종차별의 참혹한 진실을 드러내면서도 용서를 통한 화해의 길을 선택했던 넬슨 만델라(Nelson Mandela)와 데스몬드 투투(Desmond Tutu), 미국에서 노예의 후손과 노예주의 후손이 형제애의 한 식탁에 함께 둘러앉는 날을 꿈꾸었던 마틴 루터 킹 목사(Martin Luther King Jr.), 자기를 잡으려고 쫓아오다 얼음이 깨져 물에 빠진 간수를 구해주고 체포되어 화형당한 메노나이트(Mennonite) 순교자 더크 빌렘스(Dirk Willems), 자신의 두 아들을 죽인 좌익 청년을 용서하고 양자로 삼았던 손양원 목사, 공산군에 학살당한 아버지의 시신을 직접 수습한 피해자이면서도 평생을 남북화해와 통일을 위해 헌신한 서광선 목사, 실정법을 위반하면서까지 북의 김일성 주석을 만나 평화와 통일의 길을 낸 문익환 목사 등등. "우리가 원수를 사랑할 수 있을까?"라는 의문을 가질 때, 일말의 망설임도 없이 원수를 사랑해 버린 사람들이 있다. 그리고 그들에게 원수 사랑의 정신을 일깨워 주고 힘을 북돋워 준 예수가 있다.

하지만 원수 사랑이 이상만이 아니라 현실에서도 가능하다는 것을 확인할수록 그리스도교의 현재 모습에 더욱 실망하게 된다. 오늘의 한국 그리스도교는 차별과 혐오와 배제의 악령에 사로잡혀 있는 것 같아서다.

지난 2022년 한국기독교사회문제연구원이 한국 개신교인과 비개신교인 각각 1,000명을 대상으로 실시한 사회인식 비교 조사의 결과에 따르면,개신교 교회가 사회의 차별과 혐오를 부추기고 있다고 생각하는지에 대해 비개신교인의 62.2%가 '그렇다(약간+매우)'라고 답했고, 그중 매우 그렇다고 답한 이들이 25.5%였다. 비개신교인 10명 중 6명이 개신교 교회를 대표적 차별과 혐오 집단으로 보고 있는 것이다.

더 놀라운 것은, 개신교인 중에서도 개신교가 차별과 혐오를 부추기고 있다고 답한 응답자가 30.5%나 된다는 것이다. 이는 공산주의, 동성애, 이슬람 반대의 목소리를 내온 보수적 그리스도교 세력이 개신교를 대표하는 것처럼 여겨져 온 것과 관련이 있어 보인다. 현실이 이러니, 세상 사람들이 오늘의 그리스도인에게 바라는 것은 원수를 사랑하라는 것도 아니고, 심지어 이웃을 사랑하라는 것도 아니고, 제발 이웃을 해치지나 말아 달라는 것이다. 오늘의 그리스도교는 정말 그리스도교적인가?

맘몬과 하느님: 두 주인을 섬길 수 없다

물질주의는 인류의 아주 오래된 질병이다. 하지만 역사상 오늘날처럼 물질주의가 위력을 떨치던 시대는 또 없었을 것이다. 그런데 이렇게 "오늘날처럼…"으로 시작하는 진술은 이전의 모든 시대에도 똑같이 있었을 것이고, 앞으로도 계속될 것이다. 시대마다 물질주의는 정점에 달했고, 수천 년 동안 계속 정점을 갱신해 온 것이다. 물질주의에는 브레이크가 없다. 물질주의는 파국에 이를 때까지 무한성장을 욕망하게 한다. 그렇기 때문에 물질주의의 파괴성을 폭로하고 그것을 극복해야 하는 이유를 가르쳐 주는 지혜는 시대의 차이를 넘어 보편성을 갖게 된다. 물질주의의 강도와 형태는 달라도 근본 문제와 해법은 같기 때문이다.

예수 시대에도 물질주의가 정점에 이르렀다. 예수는 물질주의와 하나님 신앙은 공존할 수 없음을 분명히 밝혔다.

> 한 종이 두 주인을 섬길 수는 없습니다. 한 편을 미워하고 다른 편을 사랑하거나 또는 한 편을 존중하고 다른 편을 업신여기게 마련입니다. 하나님과 재물을 함께 섬길 수는 없습니다.
>
> - 루가 16장 13절

여기서 예수가 말하는 재물은 단순한 물질이 아니라 '맘몬(Mammon)'이다. 맘몬은 재물을 신격화 또는 우상화한 것이다. 맘몬의 신적 또는 악마적 힘은 너무 압도적이고 강력하여, 인간이 물질을 소유하는 것이 아니라 물질이 인간을 소유하게 한다. 맘몬에 사로잡힌 인간은 자발적으로 물질의 노예, 화폐의 노예가 된다.

예수는 물질주의에 대해 매우 비판적이고 비타협적이었다. 그는 "재물을 많이 가진 사람이 하느님 나라에 들어가는 것은 얼마나 어려운 일인지 모른다"면서, "부자가 하느님 나라에 들어가는 것보다는 낙타가 바늘귀로 빠져나가는 것이 더 쉬울 것"이라고 했다. 이 말을 들은 그의 제자들은 "그러면 구원받을 사람이 어디 있겠는가?" 하며 서로 수군거렸다. 제자들의 이 반응에 주목할 필요가 있다. 물질주의를 어쩔 수 없는 문제로 받아들이고 있는 것이다.

예수가 물질주의를 단호히 거부하는 것은 사람의 재물이 있는 곳에 사람의 마음도 있기 때문이다. 물질적 소유에 집착하는 곳에 바로 우리의 마음이 있다는 뜻이다. 인간은 자유를 위해 소유한다고 믿지만, 영국의 철학자이자 사회비평가 버트런드 러셀(Bertrand Russell)의 말처럼 "자유롭고 고귀하게 사는 것을 방해하는 것은 무엇보다도 소유에 대한 집착이다." 우리의 소유가 우리의 자유를 방해한다는 것이다. 소유가 우리의 한계다.

예수는 무소유의 삶을 선택함으로써 자유로운 존재가 되었다. 길 위의 예수는 돈에 구애받지 않았다. 물론 공동체를 이루어 여행하던 예수와 제자들은 생활을 위해 어느 정도 돈이 필요했다. 하지만 그 경우도 돈은 개인의 것이 아닌 공동체의 것이었다. 가리옷 사람 유다가 공동체의 재정 담당이었다. 예수 자신은 무소유를 실천했고, 제자들을 마을들로 파송할 때도 지팡이 외에는 아무것도 지니지 말라고 했다(마르코 6장 8절). 이는 물질로부터, 소유로부터 자유로운 삶이 가능하다는 것을 세상에 가시화하라는 명령이었을 것이다. 이처럼 그리스도교의 기원에는 '자발적 가난'이 있었고, 그 가난의 목적은 자유와 연대였다. 물질로부터 자유로워진 사람들이 서로 연대하여 살았던 것이다. 모든 것이 모두의 것인 하느님 나라, 그것이 예수가 실현한 하느님 나라의 경제였다.

하지만 역사 속의 교회는 예수의 자발적 가난을 잊고 부유해졌고, 부를 누릴수록 교회는 부패했다. 교회의 부패가 극에 달할 때마다 다시 예수의 가난을 기억하며 복음서의 가르침대로 살려고 하는 영적 쇄신 운동이 일어났다. 수도원 운동이 그것이었다. 수도원 운동은 수도자들에게 공통적인 세 가지 서원을 요구한다. '가난, 정결, 순명'이다. 문제는 수도원주의 역시 맘몬의 힘으로부터 자유롭지 못했다는 사실이다. 수도회가 가난해지려고 몸부림칠수록 가난의 복음적 이상의 가시화에 감동한 사람들이 수도원에 돈과 물질을 바쳤고, 그래서 가난한 수도회는 금세 부유한 수도회가 되었다. 교회와 수도회의 역사는 부유해지는 것보다 가난해지는 것이 더 어려울 수도 있다는 사실을 보여 준다.

물질의 노예가 된 교회에서 빛나는 황금 면류관을 쓴 예수를 보며 마음이 무거워질 때면, 이슬람 학자이며 수피 신비가인 아부 하미드 알-가잘리(Abu Hamid al-Ghazali)가 전해 준 가난한 예수 이야기를 떠올린다.

> 예수는 빗과 컵 외에는 아무것도 소유하지 않았다. 그런데 어떤 사람이 손으로 수염을 매만

> 지는 것을 보고 빗을 버렸다. 그리고 어떤 사람이 손으로 강물을 떠서 마시는 것을 보고 컵을 버렸다.

그 어느 그리스도인이 예수의 무소유와 자발적 가난을 이보다 더 아름답게 묘사할 수 있을까? 그 가난하지만 자유로운 예수, 아니 가난하기에 자유로운 예수를 다시 기억하고 본받는 것, 그것이 오늘의 교회 그리고 물질주의에 갇힌 사회의 우리가 맘몬으로부터 자유로워지는 길이다.

사람을 위한 안식일

예수는 유대 종교문화 속에서 나고 자랐고, 성전과 회당 의례에 참여했다. 복음서 기록은 일치하지 않지만, 요한에 따르면 예수는 유대인의 절기 때마다 예루살렘 성전에 올라갔던 것 같다. 반면 마르코, 마태오, 루가는 예수가 소년 때 한 번, 그리고 죽음을 앞두고 한 번, 해서 두 번 예루살렘에 올라갔다고 한다. 아무튼 성전과 회당 의례 참여만 놓고 보면 예수는 신실한 유대인이었다.

하지만 예수는 당시의 종교 집단들과 불화했다. 예수 시대의 유대교에는 세 주요 종파가 있었다. 하나는 예루살렘 성전 권력의 핵심으로 전통주의적 입장을 취하는 사제 집단인 '사두가이파'다. 이들은 부활과 종말 사상을 부정했고, 로마의 지배에 협력하는 대가로 종교적 특권을 누렸다. 다른 하나는 지역 회당 중심의 경건주의 집단 '바리사이파'로, 이들은 부활과 종말, 천사의 존재를 믿었고, 율법의 엄격한 적용을 강조했다. 마지막 하나는 종말론을 매우 강하게 신봉하면서 사회 외부에 공동체를 이루어 금욕 생활을 하던 '에세네파'였다.

예수는 이들 중 어느 종파에도 속하지 않았고, 사두가이파, 바리사이파와는 자주 충돌했다. 그 이유는 교리나 신학 때문이 아니라, 종교 엘리트들이 경전과 율법과 의례를 족쇄로 만들어 인간을 속박하고 억압했기 때문이었다. 종교를 이용해 특권을 누리고 자기의(self-righteousness)를 드러내려 했던 사두가이파, 바리사이파와 종교의 족쇄를 부수려고 했던 예수의 충돌을 가장 선명하게 보여주는 것이 '안식일 논쟁'이다.

안식일은 유대 민족의 매우 오래된 전통으로, 이집트에서 탈출해 민족을 형성하기 전부터 있었던 종교문화적 관습이었다. 오늘의 그리스도인들은 일요일을 안식일로 여기며 지키지만, 유대인들의 안식일은 금요일 해 질 녘부터 토요일 해 질 녘까지다. 경건한 유대인들은 전해 내려온 관습에 따라 안식일에는 일을 하지 않고 일을 시키지도 않는다. 대신 히브리 경전의 일부인 토라(Torah)와 예언자들의 글을 읽고 기도하며 예배한다. 안식일 준수는 유대인의 정체성을 드러내는 핵심적 율법이어서, 시리아 왕 안티오쿠스 에피파네스(Antiochus

IV Epiphanes)가 지배할 때 유대인들이 반란을 일으킨 이유도 안식일을 강제로 폐지해서였다. 앞에서 언급한 세 종파 사이에는 서로 큰 차이가 있었지만 안식일 준수에 대해서만큼은 일치했다.

안식일 준수가 유대인의 종교적 관습법이 된 것은 그것이 신적 명령에 기반했기 때문이다. 안식일의 근원은 천지를 창조한 하느님이 칠 일째 되는 날에 쉬었으므로 인간도 그날엔 쉬어야 한다는 창조 신화다. 또한 안식일 준수는 하느님이 모세를 통하여 히브리 민족에게 직접 준 계명이기도 하다. 유대인들이 절대시, 신성시하는 십계명의 제4계명이 "안식일을 기억하여 거룩하게 지키라(출애굽기 20장 8절)"이다. 안식일 준수는 준엄하여, "이날을 범하는 자는 반드시 사형에 처하여야 한다. 그날 일하는 자는 누구든지 겨레에서 추방당해 목숨을 잃을 것이다(출애굽기 31장 14절)"라고까지 했다.

하지만 안식일을 종교적 관습으로만 이해해서는 안 된다. 안식일의 배경에는 사회적, 윤리적 차원이 있기 때문이다. 고대 세계에서 안식일은 누구에게 가장 필요했을까? 부유한 자, 힘 있는 자는 원래부터 안식일에 일할 필요가 없었다. 어떤 의미에선 그들에겐 '모든 날이 안식일'이나 마찬가지였다. 하인이나 노예가 언제나 그들을 위해 일했기 때문이다. 일주일 중 하루라도 안식이 필요한 사람들은 주중에 일하는 노동자와 노예, 여성과 가난한 사람 등 사회적 하층 계급이었다. 그들을 쉴 수 있게 하는 것을 안식일의 목적으로 보게 되면, 안식일에 일을 해서는 안 된다는 계명의 급진적 사회성이 드러난다. 성서의 탈출기를 보면 안식일 관련 계명과 율법이 가난한 자 돌봄, 나그네 환대 등 사회적 약자를 보호하기 위한 율법과 함께 언급되는 경우가 많은 것을 알 수 있다. 원래 안식일은 종교적 율법이 아니라 가난한 자, 약자를 위한 사회적 율법이었던 것이다. 안식일은 인간에게 쉼을 주기 위한 것이었지 짐을 주기 위한 것이 아니었다.

그러나 세월이 흐르면서 유대 종교 엘리트들은 안식일 준수를 종교적으로 제도화했고, 안식일을 지키는 방식과 규칙을 복잡하게 늘려 나가기 시작했다. 그들은 안식일을 어떻게(how) 지킬 것인가에만 과몰입하느라 왜(why) 지켜야 하는지를 망각해 버렸다. 결국 안식일의 약자 보호 정신은 사라지고 억압적 율법으로 변질되고 말았다.

예수 당시 유대 종교 전통에는 안식일에 해서는 안 될 39가지 범주의 활동을 가리키는 멜라카(Melacha)-"일" 또는 "노동"-라는 게 있었다. 예를 들면 땅을 파는 것, 씨를 뿌리는 것, 수확하는 것, 곡식의 단을 묶는 것, 타작하는 것, 밀가루를 반죽하는 것, 빵을 굽는 것 등을 금지했다. 대신 할 수 있고 해야 하는 것은 토라를 읽고 공부하는 것, 회당에 참여해 기도하고 예배하는 것, 가족이나 친구들과 안식일 음식을 나누는 것, 잠자는 것 등이었다. 나름대로 안식일의 본래적 의미와 목적을 내포하고 있는 규칙이지만, 문제는 그 적용 방식이 안식일 율법의 최우선적 수혜자여야 할 가난한 자, 약자에게 더 억압적이었다는 사실이다. 안식일 율법 때문에 안식보다는 억압을 더 당해야 했던 사람들은 물었을 것이다. "도대체, 안식일은 누구를 위한 것인가?"

예수는 유대 전통의 안식일을 관례대로 지켰다. 사막에서 갈릴래아로 돌아온 후에도 안식일이 되면 늘 하던 대로 회당에 갔다. 매우 분주하고 고단했던 예수의 공적 삶을 생각하면, 예수도 안식일에는 성전이나 회당에 머물러 안식하며 내적 재충전의 시간을 갖고 싶어 했을 것이다. 하지만 예수는 안식일의 본래 목적을 결코 망각하지 않았다.

예수에게 안식일은 자신을 위해 쉬는 날이 아니라 타인의 안식과 치유를 위해 일하는 날이었다. 한번은 안식일에 베짜타라는 연못에서 38년이나 앓고 있던 병자를 고쳐 주었는데, 이때부터 유대인들은 안식일에 병 고치는 멜라카, 즉 해서는 안 될 '일'을 한다며 예수를 비난하고 박해하기 시작했다. 예수는 그들에게 "내 아버지께서 언제나 일하고 계시니 나도 일하는 것입니다"라고 응답하여 그들을 더 격분케 했다(요한 5장 1~17절). 이 외에도 예수가 안식일에 병자를 고친 사례는 많다. 시몬 베드로의 장모(마르코 1장 29~31절), 손이 마른 사람(마르코 3장 1~6절), 눈먼 사람(요한 9장 1~16절), 걷지 못하는 여자(루가 13장 10~17절), 수종병(水腫病) 환자(루가 14장 1~6절), 가버나움의 귀신 들린 사람(마르코 1장 21~28절) 등이다.

또 한번은 안식일에 예수의 제자들이 밀밭 사이를 지나가다 배가 고파서 밀 이삭을 잘라 먹은 일이 있었다. 이 일로 바리사이파 사람들이 예수 일행을 비난하자 예수는 유대인들이 이상적인 왕으로 생각하는 다윗도 일행이 굶주렸을 때 하느님의 집에서 제단에 바친 음식을 먹었다는 것을 상기시켜 준다. 그리고 바리사이파 사람들을 경악하게 하는 충격적 선언을 한다.

> 안식일이 사람을 위하여 있는 것이지, 사람이
> 안식일을 위하여 있는 것은 아닙니다. 따라서
> 사람의 아들은 또한 안식일의 주인입니다.
>
> - 마르코 2장 23~28절

예수에게 중요한 것은 안식일 율법이 아니라 고통받는 사람들의 안식이었다. 예수는 바리사이파와의 안식일 논쟁 중에 성서의 예언서를 인용한다. "내가 바라는 것은 나에게 동물을 잡아 바치는 제사가 아니라 이웃에게 베푸는 자선이다(마태오

12장 7절)." 안식일 논쟁의 핵심은 '율법'과 '사랑'의 관계다. 예수가 주장한 것은 율법에 따른 경건한 제사여도 그것이 이웃을 향한 사랑을 결여하고 있다면 하느님이 받지 않는다는 것이었다.

예수는 제사나 안식일 같은 종교 의례를 상대화시켰다. 그는 사람들에게 제사를 드리려고 할 때 누군가 자신에게 원한을 품고 있다는 것이 생각나면, 제사를 그만두고 먼저 가서 화해부터 하라고 가르쳤다(마태오 5장 23~24절). 여기에서 중요한 것은 '나의' 원한이 아니라 '나에 대한' 원한이다. 화해는 원한을 살 일을 저지른 이가 먼저 잘못을 빌며 용서를 구하는 것이다. 예수는 그런 사회적 화해가 종교적 의례보다 더 중요하다는 것을 가르쳤다. 예수가 안식일의 율법적 준수보다 사랑의 실천을 더 중시한 것도 같은 맥락에서 이해해야 한다. 그는 안식의 날에도 안식할 수 없는 이들의 고통을 외면할 수 없었기에 율법을 깨뜨리면서까지 안식일에 사람들을 치유했다. 그 사랑의 실천이 예수의 기도요 예배였다.

율법주의는 '경건하지만 사랑은 없는 종교'다. 물론 근본적으로는 경건도 사랑이다. 경건은 하느님을 사랑하는 것이기 때문이다. 그런데 하느님을 사랑하는 경건이란 어떤 것일까? 이웃을 사랑하는 것이다. 야고보서 기자는 이렇게 말한다. "하느님 아버지께서 보시기에 깨끗하고 흠이 없는 경건은, 어려움을 겪고 있는 고아들과 과부들을 돌보아 주고, 자기를 지켜 세속에 물들지 않게 하는 것입니다(야고보 1장 27절)." 이웃 사랑 없는 하느님 사랑은 참된 경건이 아니다. 예수는 안식일 논쟁을 통해 사랑 없는 외적 경건에만 집착하는 율법주의에 도전했다.

유대인 랍비 아브라함 조슈아 헤셸(Abraham Joshua Heschel)은 안식일은 거룩하게 주어진 날이 아니라 인간이 거룩하게 지키는 날, 즉 거룩하게 만드는 날이라고 했다. 예수는 형식적 율법을 준수함으로써 안식일을 거룩하게 만드는 대신 고통받는 이들에게 안식의 실제 조건을 제공함으로써 안식일을 거룩하게 만들었다. 안식일의 목적이 노동하는 자, 고통받는 자의 안식이라면, 예수는 안식일 율법을 어긴 것이 아니라 오히려 철저히 지켜 완성한 것이다. 예수는 말한다. "내가 율법이나 예언서의 말씀을 없애러 온 줄로 생각하지 마십시오. 없애러 온 것이 아니라 오히려 완성하러 왔습니다(마태오 5장 17절)." 예수는 율법의 파괴자가 아니라 완성자였다.

코로나19와 '주일 예배 사태'

유대교의 '안식일(Sabbath)'과 그리스도교의 '주일(主日, Lord's Day)'은 다른 날이다. 앞에서 이야기한 것처럼, 유대교의 안식일은 금요일 해 질 녘부터 토요일 해 질 녘까지이고, 그리스도교의 주일은 예수가 부활한 날을 기념하는 일요일이다. 일부 그리스도교 전통 중에는 제칠일안식일예수재림교회나 에티오피아 정교회처럼 유대교 전통과 같은 날을 안식일로 지키는 교파도 있지만, 거의 대부분의 그리스도교 교회는 일요일을 주일로 지킨다.

하지만 주일을-더 정확히는 주일 예배를-중시하는 그리스도인들은 유대 전통의 안식일 율법에 의존한다. "안식일을 기억하여 거룩하게 지켜라(출애굽기 20장 8절)"라는 구약성서의 계명을 문자적으로 절대화한 주일성수(主日聖守) 관습이 그것이다. 주일성수는 주일을 거룩하게 지키라는 것이다. 이처럼 주일성수를 십계명과 연결하여 이해하는 한국 그리스도교는 주일 예배 참석을 신앙생활의 덕목 정도가 아니라 거의 율법적 의무로 삼아왔다.

보수적 교단들 중에는 주일의 모든 집회에 의무적으로 참여할 것, 주일에는 일과 사무를 하지 않을 것, 먹을 것은 주일 전에 미리 준비할 것 등을 주일성수의 구체적 방식으로 제시하는 경우도 있다. 아이러니하게도, 예수가 도전하고 극복한 '안식일 율법'을 예수를 믿고 따른다는 그리스도인들이 다시 '주일 율법'으로 부활시킨 것이다. 그런 그리스도교는 최소한 안식일에 관한한 유대교의 한 분파 같다.

율법주의적 주일성수 관습이 율법의 목적이며 정신인 이웃 사랑을 결여할 때 생기는 문제를 극명하게 보여준 것이 코로나19 팬데믹 시기에 발생한 '예배 사태'였다. 팬데믹 초기 한국의 일부 개신교 교회들이 강도 높은 사회적 거리두기 기간에도 주일성수와 종교의 자유를 명분으로 모이는 대면 예배를 강행하여 사회적 물의를 일으켰던 것이다. 물론 일상적 상태의 주일성수는 문제가 아니다. 오히려 코로나19 팬데믹보다 더 먼저 왔던 '외로움의 팬데믹'으로 공동체성이 극도로 위축되었던 시대의 주일 예배는 사회적, 관계적 만남과 사귐의 기회일 수 있었다. 하지만 대인 접촉에 따른 바이러스 감염의 급격한 확산이라는 예외적 상태에도 주일성수와 종교의 자유를 내세워 대면 예배를 강행한 것은 교회 자신과 이웃을 해치는 반사회적 행위였다.

대면 예배를 고집한 사람들의 논리는 한국전쟁 때도 예배를 중단한 적이 없으니 팬데믹도 예외가 될 수 없다는 것이었다. 이는 바이러스 감염병의 특성에 대한 기본적 상식조차 부정하는 반지성주의적 사고였다. 그리고 더 근본적으로는 안식일 계명을 지키느라 더 중요한 이웃의 생명과 안전을 지켜 줘야 할 사랑의 계명을 어겼다는 점에서 하느님의 뜻을 거스르는 반신적 행위였다. 교회는 종교의 자유를 지키느라 더 중요한 사랑의 의무를 저버렸던 것이다.

다행히 재난을 겪으면서 교회의 사회적 공공성과 책임성을 뼈아프게 절감한 그리스도인-시민은 주일 하루만이 아니라 매일을, 교회만이 아니라 세상에서도 거룩하게 살아가는 신앙과 삶을 배워가고 있다. 주중에는 세상 욕망을 따라 살다가 주일에만 회개하고 용서받는 것을 끝없이 반복하는 '선데이 크리스천(Sunday Christian)'이기를 그만두고, 모든 날을 거룩하고 책임 있게 살아가는 '에브리데이 크리스천(Everyday Christian)'이 되어간다면, 재난의 고통도 무의미하지는 않을 것이다.

지금까지의 이야기를 요약해 보자. 중요한 것은 안식일의 정신이다. 안식일은 하느님이 준 선물이며, 안식일에 일을 하지 않고 쉬는 것은 좋은 것이다. 이집트에서 지배 계급을 위한 강제 노동에 시달리던 히브리 노예들이 유대 전통의 안식일 율법을 더 강화한 것은 노동하는 자, 일하는 자의 안식을 위해서였다. 이런 안식일의 사회적 의미는 무한경쟁과 자기착취에 시달리는 현대인에게도 중요하다. 안식일에는 쉬어야 한다.

문제는 고통받는 이들의 안식을 위해 안식일 율법을 예외적으로 위반하는 것을 인정할 수 있느냐 없느냐다. 바리사이파 사람들은 예외를 인정하지 않았고, 예수는 예외를 인정했다. 예수가 주장한 것은 안식일에도 일을 해야 한다는 것이 아니라, "안식일에라도 착한 일을 하는 것은 법에 어긋나지 않는다(마태오 12장 12절)"라는 것이었다.

주일 예배는 중요하다. 하느님 나라 운동을 하는 그리스도인들이 공동체적으로 가치를 공유하고 일치를 경험하는 시간이다. 하지만 예배가 주일 생활의 전부여서는 안 된다. 주일에 예배 참석만 하지 말고, 사회적 현실에 대해 공부도 좀 해보고, 교회의 연약한 사람들을 돌보고, 사회의 고통받는 이웃을 찾아가 연대하는 것, 그것이 재난 시대의 '착한 주일 생활'일 것이다. 그렇게 주일에 길러진 내적 힘과 공동체의 힘으로 한 주를 살아간다면, 모든 날이 거룩한 날이 될 것이다.

역사 속에서 정의와 평화와 생명을
실천해가는 것은 하느님 나라를
향해 가는 층계의 한 계단 한 계단이다.

4장

하느님 나라:
하느님의 꿈

세상: 구원의 장소

아무리 영적으로 더 오를 데 없는 최고의 경지에 이른 구도자라 해도, 혼자서는 세상을 구원할 수도 바꿀 수도 없다. 역사 속의 구도자 중에는 홀로 열반에 들거나 신비를 누린 소승적 아라한(阿羅漢, arhat) 같은 이들도 많았을 것이다. 하지만 붓다와 예수 같은 대승적 성인들이 궁극적 깨달음을 이루거나 초월적 존재와 합일한 후 가장 먼저 한 일은 세상으로 돌아와 '공동체'를 형성하는 것이었다.

보드가야에서 깨달음을 이룬 붓다는 바라나시 사르나트까지 약 250km를 걸어가 전에 함께 수행했던 다섯 고행자에게 첫 가르침을 전하고, 그들을 제자로 삼아 상가[sangha, 승가(僧伽)]를 만들었다. 예수도 사막에서 악마의 유혹을 물리친

후 갈릴래아로 가서 제자들을 불러 모아 하느님 나라 공동체를 만들었다. 붓다와 예수에게 깨달음과 신비를 완성하는 장소는 세상이었다. 이는 불교와 그리스도교 모두 세상 밖에서 개인적 구원을 누리는 소승의 길이 아니라 세상 속에서 공동체적, 관계적 구원을 이루는 대승의 길로 시작했음을 말해 준다.

물론 BCE 5세기경 오늘의 인도 북부에 출현한 붓다의 공동체와 CE 1세기 팔레스타인에 등장한 예수의 공동체 사이에는 역사적, 문화적 차이가 있을 수밖에 없다. 그러나 한 가지 중요한 공통점이 있다. 고대 인도와 유대 사회에서 섞일 수 없던 사람들이 한 공동체에서 수행과 생활을 함께했다는 것이다. 붓다와 예수의 공동체는 기존사회를 거스르는 하나의 '대안사회'로 시작되었다. 역사적 예수 연구자 마커스 보그는 하느님 나라는 "하느님의 꿈(dream of God)"이라고 했다. 하느님의 자녀들이 서로를 돌보고 사랑하며 살아가는 대안사회를 인간만큼, 어쩌면 인간보다 더 간절한 마음으로 하느님이 꿈꿔 왔다는 뜻이다. 그 꿈이 무엇인지 "인간이 된 하느님" 예수의 가르침과 삶을 통해 살펴보도록 하자.

예수의 가르침과 삶을 하나의 개념으로 종합한다면 그것은 '하느님 나라(Basileia tou Theou)'일 것이다. 그러므로 하느님 나라는 예수를 믿고 따르는 그리스도인의 핵심 신앙 상징이며 목표다. 예수는 이 하느님 나라를 여러 비유로 가르쳤다. "땅에 뿌려진 씨앗(마르코 4장 26~29절)", "겨자씨(마르코 4장 30~32절, 루가 13장 18~19절)", "누룩(루가 13장 20~21절)", "밭에 묻혀 있는 보물(마태오 13장 44절)", "좋은 진주(마태오 13장 45~46절)", "임금이 베푼 혼인 잔치(마태오 22장 2~14절)" 등이다. 예수는 왜 비유로 말하냐는 제자들의 물음에, 사람들이 "보아도 보지 못하고 들어도 듣지 못하고 깨닫지도 못하기 때문(마태오 13장 13절)"이라고 답했다. 예수는 하느님 나라를 드러내고 전하려는 절박한 심정으로 비유를 사용했던 것이다. 예수의 비유를 들은 사람들은, '아하!' 하며 하느님 나라를 더 쉽게 그리고 더 깊이 이해했을 것이다. 예수가 가르치고 보여 준 하느님 나라는 무엇인가?

'하느님 나라'는 예수 당시 유대인들에게 매우 익숙한 상징이었다. 비록 '하느님 나라'라는 명시적 표현은 그리스도인들이 정경으로 인정하지 않고 외경(外經, apocrypha)으로 분류하는 『지혜서』에만 나오지만, 히브리성서 특히 예언서에는 '주의 나라' 등 하느님이 다스리는 나라에 대한 표현과 개념이 풍부했다. 그러니 예수가 "때가 찼습니다. 하느님의 나라가 가까이 왔습니다. 회개하십시오. 복음을 믿으십시오(마르코 1장 15절)"라고 선포했을 때, 유대인 청중은 즉각적으로 하느님 나라의 이미지를 떠올리며 예수의 말을 이해했을 것이다.

하지만 예수가 비유로 알려준 하느님 나라는 유대인들이 기대하며 기다렸던 하느님 나라가 아니었다. 로마의 지배를 받고 있던 유대인들은 다윗의 후손 중에 메시아가 나타나 다윗의 나라를 재건해 줄 거라는 희망을 갖고 있었다. 그래서 예수가 예루살렘에 들어갈 때 모였던 무리도 "복되어라! 다가오는 우리 조상 다윗의 나라여!(마르코 11장 10절)"라며 환호했다. 카이사르의 나라 로마 제국의 압제로부터 독립과 해방을 갈망하고 있던 유대인들은 '다윗의 나라'와 '하느님의 나라'를 동일시하고 있었던 것이다.

예수의 하느님 나라는 모든 유형의 권력자들에게 심각한 위협으로 간주되었다. 그것은 예수가 '모든 지배'를 거부했기 때문이다. 예수는 로마 제국과 직접적 충돌을 일으키지는 않았지만, 예수의 가르침과 활동에는 처음부터 반 로마적 상징들이 내재해 있었다. 존 도미니크 크로산(John Dominic Crossan)은 『하나님과 제국』에서 그리스도인들이 예수의 호칭으로 여기는 '신의 아들', '신이 보낸 신', '주', '구속자', '해방자', '세상의 구주' 같은 용어들은 예수 이전에 카이사르 아우구스투스에게 속해 있었다는 것을 상기시켜 준다. 그런 호칭을 예수가, 또는 예수에게, 사용하는 것 자체가 카이사르의 제국에 맞서는 것을 의미했다는 것이다.

더 중요한 것은, 예수의 하느님 나라는 카이사르의 로마 제국만이 아니라 유대 민중이 열망했던 다윗의 나라와도 충돌했다는 사실이다. 다윗의 나라는 로마보다 상대적으로 더 정의로울 수 있지만, 그 나라에도 억압과 폭력이 있었다. 이미 이스라엘이 판관제에서 군주제로 전환할 때 판관이자 예언자였던 사무엘은, 백성이 왕의 명령으로 전쟁에 동원되고, 왕을 위해 밭을 갈고, 왕의 종이 될 거라는 하느님의 말을 전하면서 왕정의 폭력성을 경고했다. 또한 군주제가 시작한 후 북이스라엘과 남유다의 예언자들도 불의한 왕들을 가차 없이 비판했다. 그런 예언자 정신을 계승하고 있던 예수는 폭력과 불의에 기초하는 카이사르의 나라와 다윗의 나라를 모두 거부하고 평화롭고 정의로운 하느님 나라의 비전을 보여주었다.

카이사르의 나라에서는 제국의 신민만이 인간으로서의 권리를 가졌고, 다윗의 나라에서는 율법적으로 흠 없는 유대인만이 권리를 누렸다. 예수의 하느님 나라는 오직 하느님만이 다스리는 나라였고, 그 나라는 카이사르와 다윗의 나라에서 "권리들을 가질 권리"-유대인 정치철학자 한나 아렌트(Hannah Arendt)가 제시한 개념-가 없었던 사람들에게 평등하게 권리를 부여하고 그들을 무조건적으로 환대했다.

이러한 예수의 하느님 나라 비전은 너무 급진적이어서 그의 제자들도 이해하지 못했던 것으로 보인다. 어느 날 예수의 제자 중 제베대오의 두 아들인 야고보와 요한이 그들의 어머니와 함께 예수에게 왔다. 그 여성은 "주님의 나라가 서면 저의 이 두 아들을 하나는 주님의 오른편에, 하나는 왼편에 앉게 해주십시오" 하고 부탁했다. 나머지 열 제자가 이것을 듣고 두 형제에게 화를 냈다. 실은 자신들이 그 자리를 차지하고 싶어서였을 것이다. 결국 열두 제자 모두 같은 생각이었던 것이다. 이를 알아차린 예수가 그들에게 말한다.

> 여러분도 알다시피 세상에서는 통치자들이 백성을 강제로 지배하고 높은 사람들이 백성을 권력으로 내리누릅니다. 그러나 여러분은 그래서는 안 됩니다. 여러분 사이에서 높은 사람이 되고자 하는 사람은 남을 섬기는 사람이 되어야 하고 으뜸이 되고자 하는 사람은 종이 되어야 합니다. 사실은 사람의 아들도 섬김을 받으러 온 것이 아니라 섬기러 왔고 많은 사람을 위하여 목숨을 바쳐 몸값을 치르러 온 것입니다.
>
> - 마태오 20장 25~28절

이는 예수를 통해 다윗의 나라가 재건되면 논공행상(論功行賞)에 따라 권력을 누리게 될 거라는 제자들의 기대를 전복하는 충격적 가르침이었다. 예수가 알려 준 하느님 나라의 원리는 강자가 약자의 섬김을 받는 것, 즉 지배가 아니라 강자가 약자를 섬기는 것이었다. 다른 말로 하면, 가장 가난하고 작고 약한 자가 섬김을 받는 나라가 하느님 나라다. 이렇게 예수를 통해 하느님 나라에 새롭게 눈을 뜬 유대인들은 심장을 뛰게 하는 물음을 갖게 되었을 것이다.

"하느님이 직접 다스리시는 나라는 어떤 나라일까?"

지금 여기의 하느님 나라

예수는 하느님 나라에 대해 많이 이야기했지만, 당시의 왕정 제를 공화제로 전환해야 한다거나, 아테네 민주주의를 재현 해야 한다거나 같은, 정치 체제의 원리나 실현 방식 등에 대해서는 일절 말하지 않았다. 그것은 예수가 꿈꾸었던 하느님 나라는 당대의 그 어떤 정치적 선택지에도 들지 않았기 때문일 것이다. 대신 예수는 하느님 나라가 무엇이 아닌지에 대해서는 많은 말을 남겼다. 하느님 나라는 카이사르의 나라도, 헤롯의 나라도, 다윗의 나라도 아니라는 것은 바로 앞에서 다루었다. 예수의 하느님 나라는 모든 외적 지배 구조를 거부한다는 것이었다. 여기서는 예수의 하느님 나라는 '내세'나 '내면'의 나라도 아니라는 것을 이야기하고자 한다.

그리스도인 중에는 '내세의 천국'을 하느님 나라로 여기는 이들이 많다. 그들에게는 살아서 예수 잘 믿고, 그 결과로 죽어서 천국 가는 게 신앙과 삶의 목표다. 그들은 오늘도 거리에서 거친 목소리로 "예수 천당, 불신 지옥"을 외친다. 하지만 정작 예수는 내세의 천국에 대해선 거의 말하지 않았다. 그리스도인이 내세 또는 사후의 천국으로 여기는 '하늘나라'를 언급한 것은 대부분 비유의 맥락에서였다.

물론 마태오복음서에는 '하늘나라'라는 표현이 자주 나오지만, 그것은 마태오 공동체가 유대인 중심으로 형성되었던 사실과 관련이 있다. 초월적 유일신 신앙을 가졌던 유대인들은 하느님의 형상을 만드는 것은 물론 유한한 인간의 언어로 하느님의 이름을 부르는 것조차도 불경하다고 여겼다. 그래서 다른 경건한 유대인들처럼 마태오 공동체도 '하느님 나라' 대신 '하늘나라'라는 표현을 사용했던 것이다. 따라서 마태오복음서의 하늘나라도 인간이 죽어서 가는 '천상의 나라'가 아니라 지금 여기서 실현되어야 할 '하느님 나라'의 다른 표현으로 이해해야 한다. 많은 그리스도인이 죽어서 천국 가게 해 달라고 기도하지만, 예수가 가르쳐 준 기도는 그 반대였다. "나라가 임하게 하시오며, 뜻이 하늘에서 이루어진 것같이, 땅에서도 이루어지게 하시옵소서(마태오 6장 10절)." 예수는 저 하늘이 아닌 이 땅에서 정의, 평화, 생명의 하느님 나라가 실현되기를 기도하라고 가르쳤다.

다른 한편, 하느님 나라를 '내면의 평화'를 은유하는 것으로 여기는 그리스도인도 많다. 그들은 "하느님의 나라는 여러분 안에 있습니다(루가 17장 21절)"라는 말씀을 영적 의미로 해석한다. 루가복음서의 이 말씀을 한국어 성서들은 다르게 번역한다. 개역성서는 "너희 안에 있다"로 번역하고 공동번역과 표준새번역은 "너희 가운데 있다"로 번역한다. 흥미롭게도 영어 성서들도 비슷하다. 킹제임스성서(King James Bible)는 "The Kingdom of God is within you"로 번역하고, NRSV 성서는 "The Kingdom of God is among you"로 번역한다. 이 차이가 사소하지 않은 것은 '너희 안에(within you)'라는 표현에 매이면 개인의 내면으로 침잠할 수 있지만, '너희 가운데(among you)'라는 표현에 강조점을 두게 되면 공동체적 관계를 지향할 수 있기 때문이다.

만약 예수가 "삶이 고통스러울수록 내세의 천국을 소망하라"라고 가르쳤다면, 예수는 세상을 등진 종말론 집단의 교주가 되었을지도 모른다. 만약 예수가 "세상이 어찌 되든 상관 말고 내면의 평화를 누려라"라고 가르쳤다면, 예수는 팔레스타인의 스토아적(Stoic) 신비가로 추앙받았을지도 모른다. 하지만 예수가 선포하고 실현한 하느님 나라는 로마 제국에도 헤롯 왕국에도, 그리고 종교 왕국에도 불온하고 위험한 나라였다. 그래서 권력자들이 공모·공조하여 예수를 십자가에 못 박아 죽였던 것이다.

예수는 로마 제국, 헤로데 왕국과 정치적, 군사적 충돌을 하지 않았다. 그런데 세상의 권력자들이 예수를 그토록 위험한 존재로 여기게 된 까닭은 무엇일까? 예수와 그의 공동체의 무엇이 당시의 지배체제를 위협했을까?

유대-그리스도교 전통의 핵심어 중 하나는 '가난한 사람(the poor)'이다. 구약성서에는 가난한 사람을 보호하고 돌보라는 하느님의 명령과 예언자의 외침이 셀 수 없을 정도로 많다. 여기서 중요한 것은, 성서에서 말하는 '가난한 사람'은 경제적으로 빈곤한 사람만이 아니라는 사실이다. 정치적·경제적·사회적 불의로 인해 차별받고 혐오당하고 배제당하는 모든 사람이 성서가 규정하는 가난한 사람이다.

이와 같은 성서 전통의 가난한 자에 대한 특별한 사랑을 20세기의 해방신학자들은 '가난한 자를 위한 하느님의 우선적 선택(God's preferential option for the poor)'이라는 신학적 개념으로 재조명했다. 해방신학의 창시자 중 하나인 페루의 신학자 구스타보 구티에레즈(Gustavo Gutierrez)는 가난한 자를 "불의에 의해 자기 수명보다 일찍 죽는 자"로 정의했다. 그렇게 보면, 우리 시대의 가난한 자는 경제적으로 빈곤한 사람만이 아니라 온갖 차별과 혐오와 억압에 의해 사회적, 신체적 생명을 위협당하는 모든 약자를 가리킨다고 할 수 있다. 산업재해로 죽은 사람들, 차별과 혐오의 희생자들, 전쟁 폭력의 희생자들, 생태계 파괴로 죽어가는 모든 생명이 가난한 자다. 특히 오늘날의 기후위기 현실에서 자연은 '가난한 자 중의 가난한 자(the poor among the poor)'다.

1970년대에 남미 해방신학이 재조명한 '가난한 자'는 70, 80년대 한국 민중신학이 재발견한 '오클로스(ochlos)'와도 통한다. 오클로스는 '무리' 또는 '군중'이라는 뜻이다. 유사한 의미의 '라오스(laos)'와 병행되기도 하는데, 민중신학자 안병무는 오클로스를 불의에 의해 가난하고 억눌리는 '민중'과 동일시했다. 김진호는 안병무가 발견한 오클로스의 특징을 "'무소속성'을 특징으로 하는 집단"이라며 "사회의 경제, 정치, 문화적 분배 과정에서 총체적으로 소외된 최악의 박탈계층으로서 사회적 고난의 담지자"라고 했다. 주류 사회에 소속되지 못하고 배제되어 소외된 사람들이 오클로스요 민중이라는 것이다. 예수는 거대한 억압의 구조 속에서 몸과 마음이 부서진 사람들의 친구요 치유자요 교사요 해방자였다.

가난한 사람, 오클로스, 민중에게 가장 두려운 것은 잊히는 것, 있어도 없는 사람 취급을 당하는 것이다. 사회적 무관심과 망각 속에 보이지 않는 존재, 아무것도 아닌 존재, 비존재(non-person)가 되는 것이다. 유대-그리스도교 전통의 가장 빛나는 정신은 가난한 사람을 잊지 않고 기억하는 것이다. 시편 기자는 "가난한 사람이 끝까지 잊혀지는 일은 없으며, 고난받는 사람의 희망도 영원히 사라지지는 않는다(9장 18절)"라고 노래한다. 하느님은 가난한 자를 잊지 않고, 우선적으로 사랑하고 돌보는 신이다. 그래서 아브라함의 집에서 쫓겨난 하갈과 이스마엘을 돌보았고, 이집트에서 노예 생활을 하는 히브리인들의 신음소리를 듣고 그들을 파라오의 압제에서 구원했고, 예언자들을 세워 가난한 자를 괴롭히고 학대하는 권력자들의 죄를 폭로하고 규탄했다.

히브리 전통의 예언자 정신을 계승한 예수는 그 자신이 가난한 자였고, 가난한 자와 함께 살았고, 가난한 자를 위해 죽었다. 예수는 자신의 사명을 다음과 같이 선언한다.

> 주님의 성령이 나에게 내리셨다. 주께서 나에게 기름을 부으시어 가난한 이들에게 복음을 전하게 하셨다. 주께서 나를 보내시어 묶인 사람들에게는 해방을 알려주고 눈먼 사람들은 보게 하고, 억눌린 사람들에게는 자유를 주며 주님의 은총의 해를 선포하게 하셨다.
>
> - 루가 4장 18~19절

크로산은 하느님 나라를 '노바디의 나라(kingdom of nobodies)'라고 한다. 노바디, 즉 아무것도 아닌 사람들, 존재를 부정당하는 사람들, 사회적 약자와 소수자를 위한 나라가 예수의 하느님 나라라는 것이다. 실제로 예수는-크로산이 노바디라고 부른-말 그대로 아무것도 아닌 존재들을 특별하고 고귀한 존재인 '하느님의 자녀'라고 불렀고, 모두가 존엄하고 평등한 하느님 나라 공동체에 초대했다. 예수의 저항은 정치 체제의 '대체'보다 더 깊은 차원의 '대안사회' 형성이었다. 예수의 하느님 나라의 법은 노바디들을 향한 무조건적 자비와 환대였다. 이처럼 모든 지배와 차별을 거부하는 하느님 나라는 권력자들에게는 위험한 상징이었지만 가난하고 연약한 이들에게는 기쁜 소식, 즉 복음이었다. 그러므로 오늘 우리 안의 가난한 자를 망각하는 것은 하느님과 예수를 망각하는 것이다. 우리 곁의 가난한 자를 기억하는 것, 그것이 유대-그리스도교 신앙의 원천이다.

예수 시대의 가난한 자는 또한 죄인이기도 했다. 이스라엘 사회는 대부분의 다른 고대 사회와 마찬가지로 정(淨)과 부정(不淨)의 이분법에 기초해 있었다. 유대인들은 신체적, 의례적, 사회적으로 부정한 자들을 죄인으로 규정하고 공적 삶에서 배제했다. 특히 정·부정의 판별이 복잡하고 세세한 율법 조항에 따라 이루어지면서, 율법을 준수할 수 없는 가난한 자,

연약한 자는 죄인으로 규정되어 더욱 배제되었다. 예수는 부정하다고 낙인찍힌 죄인들을 거리낌 없이 만났다. 예수는 왜 세리(稅吏, 세금을 징수하는 관리)와 죄인들과 어울려 식사를 하냐는 바리사이파 사람들의 비난에, 건강한 사람에게는 의사가 필요하지 않지만 병든 사람에게는 의사가 필요하다면서, 자신은 의인이 아니라 죄인을 부르러 왔다고 답했다.

여기서 '죄인'의 의미를 분명히 할 필요가 있다. 예수가 말하는 죄인은 말 그대로 '죄를 지은 사람'이라는 의미보다는 바리사이파와 율법학자들이 '죄인으로 규정한 사람'을 뜻한다. 예수는 죄인들과 자신을 동일시했다. 예수 역시 종교적으로는 '신성 모독죄'로 고발되었고 정치적으로는 '선동죄'로 고발당한 죄인이었다. 예수는 체제가 죄인으로 만들어 배제하던 사람들을 환대하고 사랑했다. 예수의 하느님 나라 공동체는 죄인들의 공동체였다.

무조건적 환대와 대안가족•

유대 종교 전통은 중동 유목 문화에서 기원했다. 이스라엘 사람들이 '믿음의 조상'으로 여기며 존경하는 아브라함은 유목민이었다. 유목민에게 사막의 거친 환경보다 더 무서운 것은 사람, 즉 타자의 적대였다. 아브라함 부족이 이집트와 그랄에 들어갔을 때 그곳 권력자들에게 자기 아내 사라를 누이라 속였다. 아내라고 하면 자기를 죽이고 사라를 빼앗아 갈까 두려웠기 때문이다. 이처럼 취약한 유목민의 처지를 뼈저리게 겪은 아브라함은, 자신과 같은 처지의 취약한 이들을 적대하지

• 이 내용은 필자의 글 「너희도 나그네였다: 환대의 신학」, 『인간과 평화』 4권 1호(2023) 중 일부를 수정·보완했다.

않고 환대했다.

아브라함의 손자 야곱 가족은 기근을 피해 이집트로 들어갔고, 처음엔 나그네로 환대받았다, 하지만 세월이 지나면서 히브리인들은 이집트인들의 노예가 되어 학대당했다. 그런 히브리인들이 파라오의 압제를 벗어나 해방된 다음, 나그네 환대는 이스라엘의 정체성이 되었다. "너희는 이방인을 사랑해야 한다. 너희도 이집트 땅에서 이방인이었기 때문이다(신명기 10장 19절)." "너희와 함께 머무르는 이방인을 너희 본토인 가운데 한 사람처럼 여겨야 한다. 그를 너 자신처럼 사랑해야 한다. 너희도 이집트 땅에서 이방인이었다. 나는 주 너희 하느님이다(레위기 19장 34절)." 이처럼 히브리성서에는 "너희도 나그네였다"는 것을 상기시키는 하느님의 말이 여러 번 반복된다. 중요하니까 반복하는 것이다. 성서는 환대의 책이다.

여기서 한 가지 중요한 점은, 히브리성서가 강조하는 것은 '이웃 사랑'이 아니라 '나그네 사랑'이라는 사실이다. 유대교 랍비 조너선 삭스(Jonathan Sacks)는 히브리성서에 "이웃을 네 몸처럼 사랑하라"는 하느님의 명령은 한 번 나오지만, "나그네(낯선 자)를 사랑하라"는 명령은 36번 나온다는 것을 상기시키면서, 하느님 신앙의 핵심은 '이웃'을 사랑하는 것이 아니라 '낯선 자'를 사랑하는 것이라고 한다. 이는 환대의 본디 의미를 잘 드러내 주는 통찰이다. 그리스어로 '환대'는 '필로크세

노스(philoxenos)'인데, 필로(philo)는 '사랑'을 뜻하고 크세노스는 (xenos)는 '낯선 사람'을 뜻한다. 그러므로 환대란 헬라적으로도 히브리적으로도 '낯선 사람'과의 관계를 말한다. 예수는 크게 한 걸음 더 나아가 이스라엘의 환대 전통을 하느님 나라의 무조건적 환대로 급진화했다.

하지만 예수 자신은 환대받지 못한 사람이었다. 아버지 요셉은 마리아의 혼전 임신 소식을 듣고 조용히 혼인을 취소하려고 했다. 예수는 태어난 다음에도 그를 죽이려는 헤로데의 폭력을 피해 이집트로 피신해야 했다. 아기 예수는 태어나자마자 난민이 된 것이다. 예수는 성인이 되어 하느님 나라 운동을 할 때도 당대 주류 사회로부터 환대받지 못했다. 그 사실을 요한은 다음과 같이 탄식한다. "그분께서 당신 땅에 오셨지만 그분의 백성은 그분을 맞아들이지 않았다(요한 1장 11절)."

예수는 주변부 존재로서 차별을 겪었다. 그는 갈릴래아 산간 지역 나자렛에서 자랐고, 공적 생애 동안 돌아다니며 가난하고 배제된 사람들을 가르치고 치유한 곳도 가버나움, 고라신, 벳새다 등 갈릴리 호수 변 작은 마을들이었다. 모두 종교, 문화, 정치의 중심지 예루살렘으로부터 멀리 떨어진 주변부 마을들이었다. 예수의 제자 필립보가 나타나엘에게 예수를 만나 보라고 했을 때 나타나엘이 처음 보인 반응은 "나자렛에서 무슨 좋은 것이 나올 수 있겠소(요한 1장 46절)?"라는 지역 차별적 발언이었다. 당시 통념이 그랬기에 필립보는 마땅히 할 말을 찾지 못했다. 스승 예수는 내세울 게 없는 주변부 사람인 걸 자기도 잘 알기 때문이었을 것이다. 그래서 그는 "와서 보시오"라고 했을 뿐이다. 그 직접적, 인격적 만남이 나타나엘을 변화시켰고, 그도 예수의 제자가 된다.

바리사이파, 사두가이파 등 예수의 적대자들은 더 노골적으로 예수를 차별했고, 예수에 대한 악의 가득한 혐오 발언을 서슴지 않았다. 그들은 예수를 "속이는 자(요한 7장 47~48절)", "마귀들린 자(요한 8장 52절)", "먹보요 술꾼이며 세리와 죄인들의 친구(루가 7장 34절)"라고 부르며 비난하고 혐오했다. 그리고 마침내 예수를 '신성 모독자'로 산헤드린과 로마 제국에 고발해 죽게 했다.

환대의 시선으로 복음서를 읽을 때 놀라게 되는 것은, 이처럼 지독한 냉대와 적대를 경험했던 예수가, 게다가 남을 환대할 능력과 조건도 거의 없어 보이는 가난한 예수가, 그 누구보다도 적극적으로 '무조건적 환대'를 실천했다는 사실이다. 예수와 제자들에게는 집도 없었고, 가진 것도 없었고, 먹을 것도 풍족하지 않았지만, 그들이 지상에서 이룬 하느님 나라 공동체에는 언제나 환대의 에너지가 넘쳐 흘렀다. 예수는 낯선 사람들을 아무런 조건 없이 환영하고 돌보았고 사랑했다.

예수의 무조건적 환대에는 세 가지 중요한 상징적 행위

가 있었다. 첫째, 경계 없는 접촉이었다. 인도 사회에 불가촉 천민 달리트(Dalit)가 있는 것처럼 유대 사회에도 접촉해서는 안 될 부정한 사람들이 있었다. 병자, 장애인, 이방인과 같은 경계 밖 타자들이었다. 하지만 예수는 접촉해선 안 될 부정한 자들을 경계 없이 만나고 환대했다. 그는 나병 걸린 환자에게 손을 내밀어 만지며 치유했고, 사마리아 여성을 만나 물을 얻어 마시고 대화를 나누었다. 예수는 사회적 약자만이 아니라 죄인으로 분류되어 배제당하던 사람들도 조건 없이 환대했다. 가장 대표적인 인물은 세리 자캐오다. 유대인들이 민족의 배신자로 혐오하고 배제하던 그를 예수는 "아브라함의 자손(루가 19장 9절)"이라 부르며 환대했다.

예수의 공동체는 당시 통념만이 아니라 현대 시점에서 보더라도 기이한 공동체였다. 그들 중에는 어부나 농부도 있었고, 옷 속에 칼을 품고 다니던 젤롯당 사람도 있었고, 아리마태아 사람 요셉 같은 부자나 바리사이파 출신 니코데모 같은 종교 지도자도 있었다. 백인(百人)대장 같은 로마인도 있었고, 심지어 죄인으로 분류되던 세리나 성매매 여성, 또 나병 환자도 있었다. 이들의 기대와 목적도 각기 달랐다. 어떤 이들은 격렬하게 정치적 해방을 추구하거나 권력을 탐했고, 또 어떤 이들은 종교적 지혜와 영적 신비를 구했다. 겉보기에 도저히 함께할 수 없을 것 같은 이들이 함께 어울려 먹고 마시며 여행하는 모습은 신기해 보이기까지 한다. 예수가 무조건적 환대를 통해 지상에 세운 이상(異常)하면서도 이상(理想)적인 공동체, 하느님 나라였다.

둘째, 공동식사다. 환대의 가장 대표적인 상징은 한 상에서 밥을 먹는 식탁 공유다. 적과는 함께 밥을 먹을 수 없다. 식탁을 함께하는 한 모두 식구(食口)가 된다. 복음서에 식사 일화가 많은 것은 당시 유대 사회에서 식사 행위가 타자를 배제하거나 환대하는 가시적 방식이었던 것과 관련이 있다. 유대인의 음식 관련 규례는 배제의 원리에 치우쳤다. 유대인은 부정하다고 규정한 이방인이나 죄인과 함께 식사하지 않았다. 바리사이인들과 서기관들이 예수를 적대한 것도 그가 유대의 음식 규례를 공개적으로 위반한 것과 관련이 있었다. 당시 종교 권력자들에게 예수는 죄인과 함께 식사하는 이로 '악명'을 떨쳤다. 그래서 바리사이인들과 율법학자들은, "저 사람은 죄인들을 받아들이고 또 그들과 함께 음식을 먹는군" 하고 비난했다. 예수의 죄인 환대와 공동식사는 배제와 혐오의 세상 질서에 맞서는 저항이었다. 그것은 일상적이어서 더욱 전복적인 환대였다.

셋째, 소수자, 약자와의 존재론적 동일시다. 예수는 예언자 운동의 약자 보호, 타자 환대 정신을 비유로 가르쳤다. 복음서가 기록하는 가장 급진적인 환대의 가르침은 마태오복음서 25장의 '최후의 심판' 비유다.

> 여러분은 내가 굶주렸을 때에 먹을 것을 주었고, 내가 목말랐을 때에 마실 것을 주었으며, 내가 나그네였을 때에 따뜻이 맞아들였습니다. 또 내가 헐벗었을 때에 입을 것을 주었고, 내가 병들었을 때에 돌보아 주었으며, 내가 감옥에 있을 때에 찾아 주었습니다.
>
> - 마태오 25장 35~36절

이 비유에서 예수는 사회적 소수자, 약자와 자신을 동일시한다. 이를 통해 예수는 우리 곁, 우리 안의 소수자와 약자를 환대하는 것이 바로 그리스도를 환대하는 것임을 깨우쳐 준다. 그리고 구원의 길은 종교적 교리의 고백이나 의례의 실천이 아니라 소수자, 약자를 환대하고 돌보는 데 있다고 가르쳐 준다.

그리스도인에게 환대는 선택이 아니라 의무다. 이러한 환대 의무를 그대로 실천한 이들도 있다. 세상의 질서를 거슬러 살았던 수도자들이다. 『베네딕도 수도규칙』은 "손님이 오시는 것은 그리스도가 오시는 것이다(Hospes venit, Christus venit)"라고 한다. 수도자, 특히 원장에게는 나그네 환대의 책임과 의

무가 있었다. 도로시 데이는 '가난한 사람들이 곧 그리스도'라는 고백을 〈환대의 집(House of Hospitality)〉을 통해 실천했다. 이 시대 그리스도인의 과제도 가난한 자, 여성, 성소수자, 장애인, 노인, 비정규직 노동자, 이주민, 난민 등 여러 얼굴로 찾아오는 그리스도를 알아보고 환대하는 방법을 배우고 익히는 것이다.

어느 날, 예수의 가족이 예수를 찾아왔다. 가족의 명예를 중시하던 유대 문화였기에, 예수가 미쳤다는 소문이 돌자 예수를 데려가려고 온 것이다. 그의 어머니와 형제들이 자신을 찾는다는 말을 들은 예수는 "누가 내 어머니이고 내 형제들입니까?"라고 묻는다. 그리고 함께 있던 사람들을 가리키며 "바로 이 사람들이 내 어머니이고 내 형제들입니다. 하늘에 계신 내 아버지의 뜻을 실천하는 사람이면 누구나 다 내 형제요 자매요 어머니입니다(마태오 12장 48~50절)"라고 말했다. 이는 예수가 전통적 혈연가족의 울타리를 넘어 새로운 대안가족을 만들었음을 보여준다. 예수의 공동체는 하느님 한 분을 아버지로 두고 서로 자매형제가 되어 사랑하는 대안가족이었다.

사실 예수와 그의 제자들은 혈연가족을 떠났다는 점에서 일종의 '출가 공동체'였다. 그리스도교 수도원의 원형은 성 안토니우스 등 4세기의 사막 교부·교모들(desert fathers and mothers) 이전에 예수의 공동체였다고 할 수도 있을 것이다. 교부·교모들이 사막으로 간 이유도 복음서의 예수 공동체처럼 살기 위해서였다.

물론 예수가 가족을 부정하고 해체하려 했던 것은 아니다. 예수와 제자들을 중심으로 한 출가 공동체는 더 넓은 재가 공동체의 지원을 받았다. 어떤 의미에서는 예수가 가족의 경계를 넓혀 사회적 가족으로 확장했다고 할 수 있다. 예수의 공동체는 전에는 모르던 사람, 상관없던 사람을 한 가족으로 환대하고 사랑했기 때문이다. 오늘날에도 부모와 자녀로 구성된 핵가족만을 '정상가족'으로 인식하며 고수하는 이들이 있는 걸 생각하면, 예수가 이룬 대안가족으로서의 하느님 나라 공동체는 당시 유대 사회에 큰 충격을 주었을 것이다.

물론 가족이 언제나 평등한 사랑의 공동체인 것은 아니다. 가족에도 가부장주의나 가정폭력, 가족 이기주의 같은 문제가 도사리고 있기 때문이다. "집 밖은 위험해"라고 하지만, 어떤 이들에게는 집 안이야말로 가장 위험한 곳이다. 코로나19 팬데믹 때 집 밖으로 나가지 못한 채 폭행당하고 학대당하던 여성과 어린이들에게 가정폭력은 재난보다 더 끔찍한 재난이었다. 이처럼 가족은 폐쇄적이고 억압적이고 폭력적일 수도 있다. 하지만 예수의 가족은 서로 평등했고 서로 사랑했다.

하느님 나라 가족의 평등한 사랑은 '하느님 나라'라는 상징에 대해 다시 생각하게 한다. 그리스도인들은 '하느님의 나라'를 흔히 '하느님의 왕국(Kingdom of God)'으로 이해한다. 물론 그 왕은 정의롭고 자비로운 존재겠지만, '왕'이나 '왕국'은 오늘의 민주적이고 성평등적 시대정신에 맞지 않는다. 그래서 남미의 뮤헤리스타(Mujerista, "여성") 신학자 아다 마리아 이사시-디아즈(Ada Maria Isasi-Diaz)는 '하느님의 왕국'이라는 위계적 표현 대신 '하느님의 친족(kin-dom of God)', 즉 '하느님의 가족(la familia de Dios)'이라는 관계적 표현을 사용하자고 제안하기도 했다. 예수의 공동체는 사회 속의 대안사회였으며, 그 사회의 사랑이 너무 깊어 대안가족이 되었던 것이다.

돌봄 민주주의의 상상

하느님 나라는 최소한 서구 그리스도교 문명의 역사에서는 정치적 상상력의 중요한 한 원천이었다. 특정한 시대마다 가장 이상적인 정치체제의 형태를 하느님 나라에 비추어 상상했기 때문이다. 특히 자본주의의 폐해가 드러난 19세기와 20세기에는 하느님의 나라를 사회주의나 공산주의와 관련짓는 그리스도인 사상가들도 나타났다. 레온하르트 라가츠(Leonhard Ragaz), 크리스토프 프리드리히 블룸하르트(Christoph Friedrich Blumhardt) 칼 바르트(Karl Barth), 폴 틸리히(Paul Tillich) 등 그리스도교 신학자들이 '종교 사회주의(religious socialism)' 또는 '그리스도교 사회주의(Christian socialism)'를 시도한 것이다. 그리스도교 사회주의의 창시자 또는 아버지로 불리는 블룸하르트는 민주사회주의의 원리는 가난한 자는 복이 있다는 예수의 가르침에 뿌리를 두고 있다고까지 주장했다.

하느님 나라는 지상의 정치 체제와 완전히 일치하는 것은 아니지만, 역사 속에서 그리스도인으로만이 아니라 시민으로도 살아가는 그리스도인-시민은 하느님 나라와 가장 가까운 그 시대의 현실 정치 체제를 식별하고 선택해야 한다. 하느님 나라의 장소는 천상이 아니라 지상이며, 각 시대의 상황과 조건에서 최선의 정치 형태를 통해 조금씩 실현되고 꾸준히 확장되기 때문이다. 마커스 보그는 하느님 나라의 대안적 사회 비전을 “자비의 정치(politics of compassion)”, “지배 체제”에 맞서는 “지배 없는 하느님의 질서(God's domination-free order)”로 제시한다. 공감할 수 있는 비전이지만, 정치적으로 좀 더 구체적일 필요가 있다. 그렇다면 약탈적 자본주의의 극단을 한참 지나고도 계속 폭주하고 있는 오늘의 신자유주의 체제에서 하느님 나라에 가장 가까운 정치 체제는 무엇일까?

신자유주의의 핵심 원리는 제각기 알아서 살아나갈 방도를 찾으라는 각자도생(各自圖生)이다. 신자유주의 시대에 개인이 겪는 고통은 '개인의 책임'일 뿐, 사회가 고통을 해결해 줄 거라고 기대하지 못한다. 그래서 타인의 고통에도 무관심하게 된다. 이러한 신자유주의의 황폐하고 외로운 세계를 넘어서는 이 시대의 정치적 상상력 가운데 하나는 '돌봄 민주주의'이다.

조안 C. 트론토는 그의 책 『돌봄 민주주의: 시장, 평등, 정의』에서 "모든 인간은 한 번쯤 돌봄의 수혜자이자 제공자가 된다"라고 하면서, 돌봄을 인간성과 인간됨의 기본으로 제시한다. 돌봄 없이 우리는 육체적으로도 정신적으로도 인간으로서 존재할 수 없다. 인간은 취약한 존재이므로 서로를 돌보며 살아가야만 하는 상호 의존적 존재라는 것, 그것이 돌봄 민주주의의 인간론이다.

그리고 트론토가 '돌봄'의 가치를 '민주주의'의 가치와 결합하는 이유는, 여성이나 이주민 등 사회 하층 사람들에게 돌봄을 전담하게 하는 '독박 돌봄', 즉 '돌봄 불평등' 때문이다. 트론토가 돌봄 민주주의에서 민주주의의 핵심은 '돌봄 책임의 분배'라고 하는 것도 그 때문이다. 여성과 사회적 소수자의 노동이나 특별한 성인(聖人)의 희생이 아니라 '모두'가 돌봄의 책임을 평등하게 분담하고 정의롭게 분배해야 한다는 주장이다.

트론토는 돌봄을 "가능한 한 세상에서 잘 살 수 있도록 우리의 '세상'을 바로잡고 지속시키고 유지시키기 위해 우리가 하는 모든 것을 포함하는 종(種)의 활동"으로 정의한다. 돌봄이 이와 같은 것이라면 돌봄 민주주의는 그리스도교 신앙과 무관하지 않을 것이다. 그리스도교 신앙의 근원은 예언자와 예수가 알려주고 보여준 '돌보는 하나님(Caring God)'이며, 그리스도인 삶의 목적은 '하느님 나라'이기 때문이다.

하느님 나라는 하느님이 다스리는 나라라고 했지만, 어쩌면 '다스리다'라는 표현보다는 '돌보다'라는 표현이 더 적합할지도 모르겠다. 하느님 나라에는 그 어떠한 위계적 지배도 없기 때문이다. 인간은 모두 돌봄이 필요한 취약한 존재이며 돌봄을 할 수 있는 관계적 존재라는 진리를 충격과 경이 속에 경험한 팬데믹 시대에, 하느님 나라에 가장 근접한 정치 형태는 돌봄 민주주의가 아닐까?

예수와 여성 제자들

가부장제는 공간과 역할의 제한으로 나타난다. 여성이 갈 수 있는 공간과 할 수 있는 역할을 제한하고, 그것을 위반할 때 혹독한 제재를 가하는 것이다. 고대 세계에서 여성 참여가 금지된 영역 중 하나가 종교다. 여신의 시대가 지나고 남신의 시대가 시작되면서, 남성이 사제직을 독차지했다. 종교만이 아니라 삶의 모든 영역이 성차별적이고 억압적이었다. 1세기 유대사회의 여성은 식민 남성과 피식민 남성 모두로부터 이중의 차별과 억압을 당했다. 그들은 '억압받는 자 중의 억압받는 자'였다. 이 장의 나머지에서는 여성에 대한 예수의 관점과 태도, 예수와 함께한 여성 제자들 그리고 그리스도교의 성차별 역사를 살펴보기로 하자.

'12', 예수의 제자들 숫자다. "열두 사도"로 불리며, 첫 그리스도교 공동체의 지도자들이 된 이들이다. 베드로, 안드레아, 야고보, 요한 등 모두 '남성'이다. 그런데 당대의 문화와 관습에 도전한 예수에게 여성 제자는 없었을까? 있었다! 다음은 예수가 십자가에 처형당할 때 있었던 일에 대한 마르코의 기록이다.

> 또 여자들도 먼 데서 이 광경을 지켜보고 있었는데 그들 가운데에는 막달라 여자 마리아, 작은 야고보와 요셉의 어머니 마리아, 그리고 살로메가 있었다. 그들은 예수께서 갈릴래아에 계실 때에 따라다니며 예수께 시중을 들던 여자들이다. 그 밖에도 예수를 따라 예루살렘에 올라온 여자들이 거기에 많이 있었다.
>
> - 마르코 15장 40~41절

겟세마네 숲에서 예수가 체포된 후 남성 제자들이 모두 뿔뿔이 달아났을 때, 여성 제자들은 예수가 조롱당하고 모욕당하고 매 맞으며 걸었던 '고통의 길(Via Dolorosa)'을 동행했다. 그리고 그들의 스승이며 친구인 예수가 십자가에서 비참하게 죽어가는 것을 애끓는 마음으로 지켜보며 괴로워했다. 더 중요한 것은 여성 제자들이 부활 사건의 증인이 되었다는 것이다. 그들이 없었다면 예수는 십자가 처형을 당한 수많은 '예수들' 중 하나로 잠시 기억되다 잊혔을 것이다. 예수의 죽음으로 꺼져 가던 하느님 나라 운동의 불씨를 부활의 증언자가 되어 다시 지핀 사람들은 예수의 여성 제자들이다.

예수의 제자 중, 예수를 깊이 사랑했을 뿐만 아니라 깊이 이해한 한 여성 제자가 있다. 예수가 베다니아의 나병환자 시몬의 집에서 제자들과 함께 식사하고 있을 때, 한 여성이 다가와 나르드 향유가 든 옥합을 깨뜨려 예수의 머리에 향유를 부었다. 이에 제자들은, 그 값비싼 향유를 팔아 가난한 사람에게 줄 수 있었을 거라고 화를 내며 그 여성을 비난했다. 하지만 예수는 그 여성의 행위는 자신의 장례를 미리 치러준 아름답고 고마운 일이라며 옹호하고, 더 나아가 복음이 전해지는 곳마다 그 여성이 한 일을 기억할 거라고 말했다. 가리옷 사람 유다는 마치 이 일이 결정적 계기가 되었다는 듯이 예수를 배반할 마음을 품고 대제사장들에게 갔다.

마르코는 이 여성이 누구인지 알려주지 않는다. 요한복음서에 따르면 라자로의 누이 마리아인 것 같기도 한데, 역사적 사실로 보기는 어려워 보인다. 4세기 시리아의 교부(教父, 신학자이자 교회 지도자)였던 에브라임(Ephrem)은 그 여성이 막달라 마리아였다고 주장하지만, 이 역시 후대의 해석일 뿐 객관적 사실로 받아들이기 어렵다. 다만 복음서의 기록을 종합해 추정해 보면, 그 여성은 며칠 뒤 남성 제자들이 예수를 버리고 모두 달아난 뒤에도 예수를 떠나지 않고 그의 최후를 고통스럽게 지켜보았던 여성 제자들 중 한 명이었을 것 같다.

남성 제자들은 예수가 선포한 하느님 나라의 의미를 이해하지 못해 혼란스러워했고, 예수의 고난과 죽음 예고에 당황하고 있었지만, 이 여성 제자는 스승 예수의 뜻을 누구보다도 더 깊이 이해하고 순종했다. 그는 모든 지배에 맞선 예수가 모든 지배로부터 고통당하고 죽임당할 것을 알았기에 더욱 비통한 마음으로 예수의 머리에 나르드 향유를 부어 스승의 장례를 미리 치렀다. 또한 이 여성의 행위는 예수의 고통과 죽음에 대한 애도만이 아니라 예수의 하느님 나라 운동에 동의하며 동참하는 것이기도 했다. 그가 나르드 향유 옥합을 깨뜨린 것은 '카이사르의 나라'와 '다윗의 나라'를 모두 거부한 상징적 행위였다.

나르드 향유의 상품가치는 로마 제국에서도 유대 왕국에서도 동일했을 것이다. 예수의 남성 제자들이 "삼백 데나리온"이라는 구체적 '가격'을 언급하며 화를 냈던 것도 그들이 거부하는 카이사르의 나라에서만이 아니라 그들이 기대하는 다윗의 나라에서도 나르드 향유는 귀하고 값비싼 상품이었기 때문이다. 마치 돈은 '가진 자'에게도 '없는 자'에게도, 자본가에게도 노동자에게도 동일한 욕망의 대상인 것과 같다. 하지만 로마와 유대의 남성 모두로부터 이중의 억압을 받았을 이 여성 제자는 예수가 선포한 하느님 나라는 카이사르의 나라만이 아니라 다윗의 나라와도 전혀 다른 나라임을 직관적으로 알아차렸다.

여성 제자는 알았다. 하느님 나라에서는 사람을 가격으로 매겨 차별하지 않고 각자 지닌 가치대로 존중한다는 것을, 그 나라에서는 아무도 남을 지배하지 않는다는 것을, 오히려 위대하게 되고자 하는 자는 남을 섬겨야 하고 으뜸이 되고자 하는 사람은 모든 사람의 종이 되어야 한다는 것을. 그는 알았다. 하느님 나라에서는 아픈 자, 약한 자, 작은 자, 없는 자, 어린이, 소수자, 난민이 사회의 주변으로 밀려나지 않고 사회의 중심으로 환대받는다는 것을. 그는 알았다. 그 나라에서 남성과 여성의 관계는 차별적 지배가 아닌 평등한 사랑이라는 것을, 그 나라의 법은 사랑이기에 혐오는 불법이라는 것을.

그렇게 하나의 지배를 또 하나의 지배로 대체하는 세상 나라가 아닌 모든 지배를 거부하는 하느님 나라를 발견한 여성 제자는 나르드 향유를 갖고 있을 이유를 더 이상 찾을 수 없었다. 그가 들어가기를 원하는 하느님 나라에서는 나르드 향유와 들꽃 향기의 차별이 없었기 때문이다. 그에게는 나르드 향유의 '가격'보다 하느님 나라의 '가치'가 더 중요했다. 그래서 그는 나르드 향유 옥합을 깨뜨림으로써 카이사르의 나라와 다윗의 나라 모두에 대한 욕망과 환상을 깨뜨렸다. 그에게는 카이사르의 나라와 다윗의 나라 모두 '외국'이었다. 제국 남성과 반제국 남성의 이중적 지배를 겪어 왔을 여성 제자는 모든 지배를 거부하는 하느님 나라를 깨닫고 바라는 "인식론적 특권"을 갖고 있었는지도 모른다. 카이사르의 나라도 다윗의 나라도 자신을 자유롭게 할 수 없음을 깨달은 그는 예수가 보여준 나라, 그 어떠한 지배도 없는 하느님 나라를 선택한 것이다.

그리스도인은 교회가 베드로의 '반석' 위에서 시작되었다고 생각한다. 하지만 교회가 하느님 나라의 '표지'라면, 교회는 나르드 향유 병을 깨뜨림으로써 모든 지배를 깨뜨리는 하느님 나라를 상징적으로 보여 준 그 여성 제자의 행위에서 시작되었다고 볼 수 있다. 물론 교회의 제도는 베드로에게서 시작되었을 수 있지만, 교회의 정신은 그 여성 제자에게서 시작되었다는 것이다. 이 무명의 여성 제자만이 예수의 정신과 뜻을 온전히 이해하고 순종했다. 그래서 보그와 크로산은 그를 "최초의 그리스도인"이라고 부른다.

교회의 여성 지우기

오늘날 교회를 지탱하는 힘은 대부분 여성 교인들에게서 나온다. 하지만 교회의 리더십은 남성들이 거의 독점하고 있다. 그리스도교 역사에서 여성 제자들과 지도자들의 존재를 지우는 과정은 예수의 죽음 직후 1세기부터 시작됐다. 이미 복음서 자체에서 여성 지우기를 볼 수 있다. 예를 들면 남성 제자들의 이름은 일일이 기록하지만, 여성 제자들의 이름은 "한 여자" 또는 "여자들"로 기록하는 등 생략하는 사례가 많다. 남성 제자 중 타대오는 야고보의 형제 유다로도 알려진 인물인데, 마태오복음서와 마르코복음서에선 이름만 언급될 뿐 아무런 행적도 기록되어 있지 않다. 요한복음서(13장 22절)에만 "가리옷 사람이 아닌 다른 유다가 '주님, 주님께서 왜 세상에는 나타내 보이지 않으시고 저희에게만 나타내 보이시려고 하십니까?'하고 물었다"는 기록이 한 번 나올 뿐이다. 반면 앞에서 말한 예수에게 기름을 부은 사건의 여성은 단지 "한 여자"일 뿐이다. 물론 예수의 열두 제자로 이름을 올렸을 만큼 타대오 역시 중요한 역할을 했겠지만, 기록에 포함하고 배제하는 기준으로 실제 활동보다 성을 더 중시한 것은 아닌지 의심하지 않을 수 없다.

교회가 제도화되면서 여성 차별과 여성 지우기 과정은 더 가속화된다. 교회는 현상 질서의 가부장주의적 가치와 관습을 극복하기는커녕 오히려 강화하는 역할을 했다. 여성 차별과 혐오를 종교적 담론과 교리로 정당화한 것이다. 2세기의 교부 테르툴리아누스(Tertullianus)는 여성은 "제2의 하와"로서 "악마의 통로(The Devil's gateway)"이며 "[금지된] 나무의 봉인을 해제한 자"라고 했다. 창세기의 타락 설화를 하와를 통해 악이 들어온 것으로 해석하면서, 여성의 존재 자체를 악마의 유혹과 연결한 것이다.

시대가 갈수록 여성 혐오는 신학적으로 더 정교해졌다. 4세기 콘스탄티누스(Constantinus) 황제의 그리스도교 공인과 테오도시우스(Theodosius) 황제의 그리스도교 국가 종교화 이후, 새로운 상황에 조응하는 그리스도교 신학 형성에 지대한 영향을 끼친 신학자 아우구스티누스(Augustinus)는 "여성은 하느님의 형상대로 창조되지 않았다"라고 하면서, 오직 남자와 결합될 때만 완전하고 온전한 하느님의 형상이 될 수 있다고 했다. 여성의 존재 자체만으로는 불완전한 인간이라는 것이었다. 중세 그리스도교의 대표적 신학자인 토마스 아퀴나스(Thomas Aquinas)도 여성은 "잘못 태어난 남성(misbegotten male)"이라는 아리스토텔레스의 주장을 그대로 받아들여 여성은 "결함이 있고 잘못 태어난 남성(defective and misbegotten male)"이라고 했다. 여성은 인간으로서의 온전성을 갖지 못한 결핍된 존재, 열등한 존재라는 것이었다.

계몽주의 이후, 보편적 인권 의식이 생겨난 현대에도 그리스도교의 여성 혐오는 사라지지 않았다. 여성의 인권과 지위에 대한 사회적 의식이 진보적 방향으로 변화하면서, 오히려 교회가 보수적 입장의 보루가 됐다. 현대신학의 거장이며 정치적으로 진보적 태도를 취했던 칼 바르트 조차도 "여성은 남편에게 복종해야 하고 남편은 그의 아내를 사랑해야 한다"라고 하면서 전통적 남녀 이분법을 고수했다.

제도적 차원의 여성 차별은 더 명시적이었다. 가톨릭 교회는 1976년에 선포한 〈여성 교역 사제직 불허 선언(Inter Insigniores)〉에서 사제는 그리스도와 신체적 유사성(resemblance)이 있어야 하므로 여성은 사제가 될 수 없다고 명시함으로써 여성 성직 안수를 지금껏 거부해 왔다. 개신교에는 여성 성직

자를 인정하는 교파도 있지만 아직도 여성 성직을 거부하는 보수 교단이 적지 않다. 더 중요한 것은 여성 성직을 인정하는 경우에도 구조적, 문화적 여성 차별이 지속되고 있다는 사실이다.

그리스도교 역사에서 여성 차별과 억압이 끝나지 않고 있는 현실에서, 현대 페미니스트 신학자들은 크게 두 가지 선택지 앞에 서 있는 것 같다. 하나는 성차별을 그리스도교의 '본질'이 아니라 '변질'로 보고, 그리스도교 교회 안에서 '의심의 해석학(hermenutics of suspicion)'을 통해 성차별적 요소를 지양해 가는 '개혁'의 노력이다. 다른 하나는 그리스도교는 본질적으로 여성 혐오적이고 여성 억압적이므로, 그리스도교 교회 밖으로 나가는 '탈주'의 시도다.

전자의 경향을 대표적으로 보여주는 여성신학자는 로즈메리 래드포드 류터(Rosemary Radford Ruether)다. 그는 그동안 그리스도의 하느님 이해가 가부장주의에 물들어 왔음을 비판하며, 하느님의 여성적 측면을 보완 내지 강화해야 할 필요를 주장한다. 후자의 경향을 보여주는 대표적 여성 신학자는 메리 데일리(Mary Daly)와 캐럴 크리스트(Carol Christ)다. 데일리는 하느님을 남성 또는 여성으로 보는 것 자체를 거부하면서 "하느님이 남성이면 남성이 하느님"이라고 주장해 교계와 신학계를 발칵 뒤집었고, 크리스트는 가부장적 그리스도교를 떠나

'여신 종교'를 추구했다.

'개혁'의 길과 '탈주'의 길 중 무엇이 옳은가를 이분법적으로 묻는 것은 옳지 못하다. 두 길 모두 가부장제의 '막다른 길'에서 돌아선 이들이 시작한 길이며, 두 길은 긴장 속에서 서로를 보완할 수 있기 때문이다. 2009년 오스트레일리아 멜버른에서 개최된 세계종교의회 때 〈신성한 여성성(Divine Feminine)〉이라는 모임이 있었다. 여러 종교 전통의 페미니스트 종교인과 학자들의 토론회였다. 그리스도교 패널은 조앤 치티스터(Joan Chittister) 수녀였다.

청중과의 질의응답 시간에 한 가톨릭 여성이 치티스터 수녀에게 물었다. "페미니스트는 여성 차별적이고 억압적인 교회에 남아 있어야 합니까, 떠나야 합니까?" 치티스터가 답했다. "나는 당신에게 남아 있으라고도, 떠나라고도 할 수 없습니다. 다만, 남아 있을 거라면, 소란을 일으키십시오(Make a noise)! 그리고 떠날 거라면, 소란을 일으키십시오!" 개혁을 선택하든 탈주를 선택하든, 조용히 하지 말고 소란을 일으켜 가부장주의적 교회의 지반을 뒤흔들라는 것이었다. 목소리를 높이며 소란을 일으켜온 여성과 남성 그리스도인 덕분에 그리스도교 교회의 성차별은 조금씩 무너져 왔다. 지금은 더 소리를 높일 때다.

지속된 꿈

예수가 "때가 다 되어 하느님의 나라가 다가왔습니다. 회개하고 이 복음을 믿으십시오(마르코 1장 15절)"라고 외쳤을 때 예수 자신과 그의 제자들은 임박한 종말을 기대하고 있었던 것 같다. 하지만 예수가 살아 있는 동안에 종말은 실현되지 않았다. 그렇다면 예수는 실패한 예언자일까?

예수는 시한부 종말론자가 아니었다. 종말의 때는 하느님만 알 뿐 아무도 모른다는 것을 분명히 했다. 임박한 하느님 나라를 기대했지만, 시간을 계산하며 두 손 놓고 그 나라를 기다리지 않았다. 그는 하느님 나라의 '공간'이나 '시간'보다 '관계'와 '상태'에 대해 더 많이 이야기했다. 하느님 나라는 언젠가 우리가 그곳으로 가거나 이곳의 우리에게 오는 나라가 아니라, 지금 여기서 우리가 이루는 나라다. 예수는 하느님 나라가 '올 것이다'라고 말했을 뿐 아니라 '왔다'고도 말했다. 예수는 하느님 나라가 왔다는 표징을 다음과 같이 말한다. "나는 하느님께서 보내신 성령의 힘으로 마귀를 쫓아내고 있습니다. 그러니 하느님의 나라는 이미 여러분에게 와 있는 것입니다(마태오 12장 28절)." 예수는 또한 하느님 나라가 가난하고 연약한 사람들 가운데 있다고 했다. 어떤 의미에서는, 예수는 하느님 나라의 '임박성'을 하느님 나라의 '현실성'으로 더 급진화해 버렸다. 하느님 나라는 미래에 오는 나라가 아니라 이미 실재했고 지금 실재하고 있는 나라다. 하느님 나라는 지금 여기서 서로 사랑하는 이들 가운데 있다.

그럼에도 불구하고 하느님 나라의 공간과 시간의 차원이 아무런 의미가 없다는 것은 아니다. 그리스도교 신앙과 신학에서 하느님 나라의 공간과 시간 또한 중요한 영감을 불러일으켜왔다. 특히 역사의 궁극적 목적이 시간 속에서 성취될 것을 믿고 희망하는 그리스도교 전통에서 하느님 나라는 종말론적 사건이기도 하다. 시간 속에서 살아가는 그리스도인에게 중요하면서도 어려운 물음은 "하느님 나라는 언제 오는가?"다.

기다림은 심장을 뛰게 하지만, 그 기다림이 너무 길어지면 불안과 의심이 일어난다. 절대적이었던 가치가 상대화되고 강인했던 의지가 약해진다. 한국 역사에서 일제강점기 때 독립을 위해 투신했던 민족 지도자 중 적지 않은 이들이 잘 버티다가 독립을 얼마 남겨두고 있지 않은 시점에서 변절하고 전향하여 일제에 부역했던 것도 기다림의 장기화와 무관하지 않았을 것이다. 영화 〈암살〉에서 안옥윤이 일제의 밀정 노릇을 했던 변절자 염석진에게 "왜 동지들을 배신했나?"라고 묻자 염석진이 "해방될 줄 몰랐으니까…"라고 답했던 것처럼.

하느님 나라는 어떤가? 예수가 1세기 초에 선포한 하느님 나라는 21세기인 오늘날까지도 실현되고 있지 못하다. '36년'도 견디지 못해 전향하는데 '2,000년'이 넘도록 하느님 나라의 꿈을 간직하기란 쉬운 일이 아니다.

하지만 발상의 전환을 해보면 어떨까? 하느님 나라가 2,000년 동안 '지연'되고 있는 것이 아니라 하느님 나라 운동이 2,000년 동안 '지속'되어 왔다고 생각하는 것이다. 함석헌은 "역사는 영원의 층계를 올라가는 운동"이라고 했다. 필자는 이 말을 '역사는 하느님 나라를 실현해 가는 과정'이라는 의미로 이해하고 싶다. 즉 역사 속에서 정의와 평화와 생명을 실천해가는 것은 하느님 나라를 향해 가는 층계의 한 계단 한 계단이라는 것이다.

그렇다면 오늘의 우리가 차별받고 혐오당하는 소수자들

과 연대하는 것, 기후위기를 극복하기 위해 소비문명으로부터 생태문명으로 전환하는 것, 성평등 교회와 사회를 이루기 위해 애쓰는 것, 전쟁과 폭력에 맞서 평화를 외치는 것 등 이런 사회적 실천 하나하나가 역사 속에서 하느님 나라의 층계를 올라가는 운동일 것이다.

그에게 구원의 장소는
세상 밖이 아니라 세상 속이었다.

5장

예수의 사회적 영성

소진의 시대

소진은 우리 시대의 사회적 질병이다. 한자로는 "다 써서 없앰"이라는 의미의 소진(消盡)이지만, 영어 표현 번아웃(burnout)과도 통하는 "다 타서 없어짐"이라는 의미의 소진(燒盡)이 더 적합할 듯하다.

다 타버려 재가 되어버린 것 같은 상태인 번아웃은 만성적 과로와 스트레스에 시달리는 현대인에게 감기처럼 흔한 증상이다. 중앙일보와 블라인드의 2020년 11월 설문조사에 따르면, 한국 직장인 10명 중 7명이 1년 동안 번아웃을 겪었다고 한다. 하기야 OECD 국가들 중 세 번째로 노동시간이 많고, 여러 해째 자살률 1위인데다, 우울증 유병률까지 1위인 한국에서 10명 중 4명이 우울증이나 우울감을 느낀다니 놀랄

일이 아니다.

번아웃으로 명명되기 전에 증상이 먼저 있었다. '돌진적 근대화'를 단기간에 집단적으로 겪으면서 과로와 피로가 일상적 삶의 방식이 되어 온 한국 사회는 '오래된 소진사회'다.

번아웃의 전염력은 너무 강력해서 소진사회를 변화시키기 위해 애쓰는 사람들도 번아웃에서 자유로울 수 없게 한다. '다이내믹(Dynamic) 코리아'가 아니라 '다이너마이트(Dynamite) 코리아'로 불러야 할 만큼 대형 사건 사고가 끊이지 않고, 정치적 대립과 갈등은 언제나 과열 상태이고, 사회적 변화가 급격한 한국 사회에서 시민사회 활동가는 좀처럼 숨 돌릴 틈이 없다. 뛰어들어 투쟁해야 할 일도 많고 찾아가 연대해야 할 사람도 많다. 추구하는 사회적 이상과 윤리적 가치가 높고, 확고한 활동가들은 자신을 스스로 극한까지 몰아가고 태워 가며 헌신한다. 그러니 만성적 번아웃에 시달릴 수밖에.

종교적 신앙을 가진 활동가는 좀 나을까? 그런 것 같지 않다. 헌신과 희생의 자발적 감수라면 종교보다 더 철저한 동네가 없다. 몇 해 동안 그리스도인 활동가 몇 명이 영성 수행을 함께했는데, 우리가 영성에 관심을 두게 된 계기는 대부분 활동 중에 겪은 번아웃과 관련이 있었다. 개중에는 마음만이 아니라 몸까지 아팠던 이들도 있었다. 그래서 '사회적 영성'을 이야기하는 자리를 함께 준비하며 행사 이름을 지을 때, "아프기 전에"가 어떻겠냐며 우스우면서도 서글픈 소리를 했던 기억도 있다. 최근에도 젊은 그리스도인 활동가들을 위한 영성 프로그램을 준비하면서, '아파야 쉬는' 활동가의 현실이 선배들에게서 후배들에게로 인수인계되듯 계속되고 있음을 안타깝게 확인해야 했다.

그런데 걱정스러우면서도 놀랍고 고마운 것이, 번아웃 상태에서도 가정이나 직장이나 단체나 공동체에서 자신의 역할을 계속 수행하는 사람들이 적지 않다는 사실이다. 자신도 쉬고 싶어 하고, 남이 볼 때도 당장 쉬어야 할 것 같은 상태인데도, 쉬지 못하고-또는 쉬지 않고-활동하는 사람들이다. 자신을 돌보지 못하면서 남을 돌본다. 지쳐 있어도 맡은 책임을 방기하지 않고, 하던 일 해야 할 일을 포기하지 않고 계속한다. 그것은 일종의 마비 상태일까, 의무감과 책임감에 따른 희생일까, 더 치명적일 자기파괴의 전조일까? 그런 게 아니라면, 번아웃의 아픔과 어둠 속에서도 그들을 버티게 하고 계속 움직이게 하는 힘은 무엇일까?

복음서를 읽으면 예수도 매우 분주한 삶을 살았음을 알 수 있다. 예수는 어떻게 기도했을까? 예수의 수행은 무엇이었을까? 복음서는 예수가 실천한 영성 수행의 '어떻게(how)'에 대해서는 자세히 이야기하지 않는다. 우리가 예수의 영성에 대해 알 수 있는 것은 '언제(when)'와 '왜(why)' 뿐이다. 하지만 우리는 복음서의 행간에서 예수의 '외적 삶'을 지탱해 준 예수의 '내적 삶'을 읽을 수 있다. 이 장에서는 번아웃에 시달리는 우리가 생명력을 잃지 않고 살아갈 지혜를 예수의 영적 수행을 통해 배워 보려 한다.

세상 속에서 세상을 넘어

너의 영혼을 어루만지기 위해서는 침묵이
필요하다

- 정호승, 「마음의 사막」 중에서,
『사랑하다 죽어버려라』, 창비, 1997

예수는 "눈먼 사람이 눈먼 사람을 인도하면, 둘 다 구덩이에 빠질 것(마태오 15장 14절)"이라고 했다. 이는 모든 종교의 공통적 가르침이다. 통속적 지혜도 "우리가 갖지 않은 것을 남에게 줄 수 없다"고 한다. 지적, 영적, 윤리적으로 먼저 눈뜬 사람이 다른 사람들을 구원의 길로 인도할 수 있다. 여기서 '먼저'는 반드시 선후 관계를 뜻하는 것은 아니다. 인간적으로 완전히 성숙해야만 타인을 도울 수 있는 것은 아니기 때문이다.

스리랑카 사르보다야(Sarvodaya) 운동가들은 "우리는 길을 만들고, 길은 우리를 만든다"라고 한다. 세상의 복지와 안녕을 위해 일하면서 자기를 형성하고 완성해 갈 수도 있다는 것이다. 물론 그렇게 활동이 곧 수행이 되려면 몸과 마음에 습관을 들이는 훈련이 필요하다. 때에 따라 사람에 따라 그 훈련의 형태나 기간은 달라질 수 있다. 중요한 것은, 종교적 신앙을 기반으로 하는 활동은 어떤 방식으로든 수행과 연결되어야 한다는 사실이다. 예수는 어떻게 수행했을까?

예수는 출가 수행자였다. 출가(出家)는 대부분의 종교 전통에서 볼 수 있는 영적 수행의 중요한 한 양식이다. 출가 수행자는 세상을 떠나 숲이나 사막으로 들어간다. 세상이 그의 주의를 분산시키기 때문이다. 집중 수행을 위해 일정 기간 출가하는 것은 바람직한 일이다. 고적한 산사나 수도원에 갈 때면, 평생을 명상과 기도에 바치는 출가 수행자들의 치열함과 꾸준함에 절로 고개 숙이게 된다. 하지만 출가가 물리적 공간의 이동만을 뜻한다면 영적으로 무익하고 무미건조할 것이다. 세상을 떠난다는 것은 세상의 욕망으로부터 자유로워지는 것이다. 평생을 세상 밖에서 산다고 해도 여전히 세상의 욕망이 있다면 결코 세상을 떠난 것이 아니다. '세상 속'의 욕망보다 더 무서운 것이 '세상 밖'까지 따라오는 욕망이다. 세상을 버렸다는 이들, 깨달았다는 이들이 여전히 버리지 않고 있는 욕망보다 더 위험한 욕망은 없다.

더욱이 세속적 욕망은 쉽게 드러나기 마련이어서 정신만 바짝 차리면 피할 수 있지만, 종교적 외양을 띠고 나타나는 욕망은 감지하기 어렵기에 더 치명적이다. 움베르토 에코(Umberto Eco)는 『장미의 이름』에서 진리에 대한 욕망의 파괴성을 보여준다. 수도원의 도서관 책임자인 호르헤 수사가 탐구심 강한 동료 수사들을 살해한 것은 복음서에서 예수는 한 번도 웃지 않았다는 엄숙주의에 대한 맹신 때문이었다. 결국 덧없는 '이름'일 뿐인 종교적 진리 때문에 살인까지 저지른 것이다. 수도원 살인 사건의 전말을 밝혀낸 후 윌리엄 수사는 불타는 도서관을 보며 제자 아드소 수사에게 말한다.

> 진리를 위해서 죽을 수 있는 자를 경계하여라. 진리를 위해 죽을 수 있는 자는 대체로 많은 사람을 자신과 함께 죽게 하거나, 때로는 자기보다 먼저, 때로는 자기 대신 죽게 하는 법이다.

설령 세상 밖에서 세상의 욕망을 물리친다 해도 그것이 수행의 최종적 완성은 아니다. 2장에서 살펴보았듯이 사막이나 숲에서 용맹정진하여 물질적, 영적 유혹으로부터 자유로워진 수행자에게는 '최후의 유혹'이 남아 있다. 세상으로 돌아가지 말고, 모든 유혹이 사라진 지고의 신비 상태에 홀로 머물라는 유혹이다. 어쩌면 출가보다 어려운 것이 귀가(歸家)일지도 모른다. 진리를 찾기 위해 세상을 떠나는 것보다 진리를 찾은 후 세상으로 돌아오는 것이 몇 배는 더 어렵다. 우리에게 '알려진' 신비가들은 세상으로 돌아온 신비가들, 즉 귀가한 수행자들이다.

예수는 신비에 머무르지 않는 신비가였다. 어느 날 예수는 베드로, 야고보, 요한을 데리고 높은 산으로 올라간다. 그곳에서 신비하게 모습이 변한 예수는 모세, 엘리야와 함께 대화를 나눈다. 놀라운 신비의 광경에 넋을 잃은 베드로는 "선생님, 저희가 여기서 지내면 얼마나 좋겠습니까! 여기에 초막 셋을 지어 하나는 선생님을 모시고 하나는 모세를, 하나는 엘리야를 모셨으면 합니다(마르코 9장 5절)" 하고 예수에게 말했다. 신비에 도취된 제자들은 그곳이 좋다며 거기서 지내자고 하지만, 예수는 조금의 주저함도 없이 산 아래로 내려와 하느님 나라의 길을 계속 걸어갔다. 예수는 '세상의 구원'을 바랐지 '세상으로부터의 구원'을 바란 게 아니었다. 그에게 구원의 장소는 세상 밖이 아니라 세상 속이었다. 세상 속에서 세상을 넘는 것, 즉 세상을 하느님 나라로 변화시키는 것이 그의 소명이며 수행이었다.

고독과 공동체의 시간

붓다는 깨달음을 이룬 후 40여 년 동안 가르침을 전했다. 무함마드도 히라 동굴에서 계시를 받기 시작한 후 약 20년 동안 새로운 종교 공동체를 이끌었다. 이에 비해 예수는 짧은 3년여의 공적 활동 끝에 십자가에 처형당했다. 하지만 그의 3년에는 다른 종교적 성인들의 30년에 해당하는 밀도와 강도가 있었다.

예수는 안식일에도 쉬지 못할 만큼 분주하게 활동했고, 고통받는 이들을 만나면 그가 가진 사랑의 전부를 주었다. 하혈증으로 고통받던 여성의 치유 설화가 알려주는 것처럼, 때로는 고통받는 이의 치유를 위해 예수 자신도 모르게 그의 능력이 빠져나가기도 했다. 그러면서도 예수가 소진해 쓰러지지 않은 이유는 때때로 고독과 침묵의 시간을 가졌기 때문일 것이다. 고독은 홀로 있는 것이 아니다. 고독은 '나'와 함께 있는 것이며, '하느님'과 함께 있는 것이다. 예수는 무한한 사랑의 원천인 하느님과 고요히 함께 있는 고독의 시간을 가지며 몸과 마음을 새롭게 했다.

유난히 분주했던 어느 날, 찾아온 사람들이 너무 많아 예수 일행은 밥 먹을 겨를도 없었다. 심한 피로를 느낀 예수는 한적한 곳에 가서 쉬자며 일행과 함께 배를 타고 떠났다. 그런데 예수 일행을 본 사람들이 미리 배가 도착할 곳에 가서 기다린다. 예수는 그들의 간절한 기대를 저버릴 수 없어 그곳에서 다시 가르침을 전한다. 그러다 날이 저물고, 그 외딴곳에서는 식사를 해결할 방법이 없었다. 이때 5,000명에게 먹을 것을 나누어 준 사건이 일어난다. 그 사건이 해가 저물고 나서 있었다니까, 이날의 일정은 늦은 밤에 끝났을 것이다. 그런데 예수는 그 늦은 밤에 기도하러 산으로 올라간다. 종일 공동체를 위해 일하느라 몹시 고단했을 텐데 그 밤늦은 시간에 예수는 홀로 하느님을 만나기 위해 산에 간 것이다.

이 이야기에서 우리가 주목하게 되는 것은 예수가 기도한 시간은 낮이 아니라 한밤중이라는 사실이다. 복음서의 다른 기록들도 예수가 낮 시간이 아닌 한밤중이나 이른 새벽에 외딴곳에서 홀로 기도했다고 한다.

> 아주 이른 새벽에, 예수께서 일어나서 외딴곳으로 나가셔서, 거기에서 기도하고 계셨다.
>
> - 마르코 1장 35절

> 그 무렵에 예수께서는 기도하시려고 산에 들어가 밤을 새우시며 하느님께 기도하셨다.
>
> - 루가 6장 12절

그 이유는 무엇일까? 브라질의 돔 헬더 까마라(Dom Helder Camara) 대주교의 영성생활에서 그 답을 유추해 볼 수 있다. 까마라는 늘 새벽 두세 시에 깨어나 기도했다고 한다. 그 이유는 그때가 가장 고요한 시간이었기 때문이 아니라 고통받는 이들을 돌볼 일이 상대적으로 가장 적은 시간이었기 때문이다. 그에게는 공동체의 일이 개인의 고독보다 우선이었던 것이다.

예수에게도 낮 시간은 고통받는 이들과 더불어 하느님 나라를 살아야 하는 공동체의 시간이었다. 종교적, 사회적, 신체적 구원을 갈망하며 찾아온 이들을 가르치고 위로하고 치유하는 데 전력해야 했던 예수는 당시의 특권적 종교인처럼 낮 시간에 한가로이 기도할 수 없었다. 당시 사람들이 예수의 영성생활을 잘 몰랐던 것도, 복음서 기자들이 예수의 수행을 드물게 기록한 것도, 예수가 사람들이 잠들어 있던 시간에 깨어 고독의 시간을 가졌기 때문일 것이다. 만약 그 늦은 밤, 이른 새벽에도 공동체를 돌볼 일이 있었다면 예수는 자신의 고독을 기꺼이 포기했을 것이다.

고독은 중요하지만 그 자체로 목적이 아니다. 만약 고독만을 열망했다면 예수는 사막에서 갈릴래아로 돌아오지 않았을 것이다. 예수에게 밤과 새벽의 고독은 낮의 공동체를 위한 예비였다. 예수에게 늦은 밤과 이른 새벽은 하느님 나라 활동을 위한 내적 힘을 기르는 관상(contemplation)의 시간이었고, 낮 시간은 종교적, 사회적 구원을 갈망하며 찾아온 이들을 가르치고 위로하고 치유하는 활동(action)의 시간이었다. 예수는 고독을 통해 기른 내적 힘으로 공동체의 사람들을 가르치고 돌보고 치유하며 사랑했다. 예수에게 고독의 목적은 공동체의 돌봄이었다.

식별: 사회(Society)와 자아(Self)

> 여러분은 저녁때가 되면 "하늘이 붉으니 날씨가 좋겠구나" 하고, 아침에는 "하늘이 붉고 흐리니 오늘은 날씨가 궂겠구나" 합니다. 여러분은 하늘의 징조는 분별할 줄 알면서 시대의 표징은 분별하지 못합니다.
>
> - 마태오 16장 2~3절

2016년 옥스퍼드 사전은 그 해의 단어로 '탈진실(post-truth)'을 선정했다. 그리고 탈진실의 뜻을 "객관적 사실이 감정이나 개인적 신념에 호소하는 것보다 여론 형성에 덜 영향을 미치는 상황과 관련되거나 이를 나타내는 말"로 정의했다. 이러한 탈진실의 실제 사례는 가짜 뉴스다.

2017년 미국에서 도널드 트럼프가 대통령으로 취임했을 때, 백악관 대변인 숀 스파이서(Sean Spicer)는 취임식 참석자가 역대 가장 많았는데도, 언론이 행사 사진을 왜곡 편집해 트럼프 지지자가 적은 것처럼 보도했다고 비난했다. 게다가 워싱턴 DC 지하철 시스템 기록을 보면 트럼프 취임식 날 지하철 이용자 수가 오바마 재선 취임식 날보다 훨씬 많았다는 등 구체적 근거까지 제시했다. 하지만 모두 사실이 아닌 걸로 금세 드러났다. 백악관 대변인이 가짜 뉴스를 퍼트린 것에 대한 언론의 비판 보도와 팩트 체크가 잇따랐다. 그러자 백악관 선임고문 켈리앤 콘웨이(Kellyanne Conway)는 한 인터뷰에서 스파이서는 거짓말을 한 게 아니라 '대안적 사실(alternative fact)'을 말한 것이라고 주장했다. 그래서 논란과 비판이 더 거세졌지만, 콘웨이는 "2 더하기 2는 4다. 3 더하기 1은 4다. 부분적으로 흐리고, 부분적으로 맑다. 유리컵은 반쯤 물이 찼고, 반쯤 비어 있다. 이런 것은 대안적인 사실이다"라고 강변했다.

이처럼 공적 위치에 있는 이들까지 객관적 사실보다는 감정이나 개인적 신념 또는 의견에 더 의지해 가짜 뉴스와 거짓말을 생산하고, 대중은 자신들의 입맛에 맞는 뉴스와 말을 선택하여 유통한다. 결국 모두가 모두를 불신하고, 저마다의 대안적 사실들만 난무하며 충돌한다. 이러한 탈진실의 혼란

한 시대에 더욱 절실한 것이 사회적, 영적 식별의 영성이다.

식별(discernment)이란 사태와 상황을 정확히 인식하고 이해하고 판단하는 능력이다. 이는 주의 깊은 관찰, 비판적 사고, 객관적 평가를 요구한다. 유교에서 가르치는 '시중(時中)', 즉 "때(時)에 적중(中)하는 것", 다시 말해 변화하는 상황에 바르게 반응하고 참여하는 것이 식별이다. 맹자(孟子)가 말하는 "옳고 그름을 판단할 줄 아는 마음", 즉 '시비지심(是非之心)'도 같은 의미에서 이해할 수 있다.

사회적 식별이란 '시대의 표징(the signs of the times)'을 바르게 알아차리고 응답하는 것이다. 시대의 표징이란 그리스도인이 살고 있는 사회적, 정치적 상황이다. 현실 상황을 바르게 식별하기 위해서는 '사회분석(social analysis)'이 필수적이다. 남미 해방신학자들은 먼저 현실을 '보고(seeing)', 성서에 비추어 '판단하고(judging)', 세상으로 나아가 '행동하는(acting)', '해석학적 순환(hermeneutic circle)'을 시도했다. 그들은 현실을 정확히 보기 위해 마르크스주의적 종속이론도 적극적으로 수용했다. 사회 문제의 근본 원인을 알아야 근본 해법을 찾을 수 있다고 보았기 때문이다.

예수는 사회적 식별 또는 사회분석을 했을까? 그 답은 예수가 로마 제국, 헤로데 왕국의 지배체제에 맞섰다는 사실 자체에 있다. 즉 지배체제의 본질과 방식을 이해하지 못했다면 맞설 생각도 가질 수 없었을 것이다. 또한 가난, 소외, 억압의 현실에 대해 매우 민감하게 인식하고 반응했으며, 불평등과 불의를 비판했다. 예수의 독특한 점은 그러한 사회적 식별을 비판 성명이나 해설 같은 방식이 아니라 비유와 이야기를 통해 전했다는 사실이다. 예를 들면, 부자와 거지 라자로의 이야기(루가 16장 19~31절)는 불평등과 무관심에 대한 사회비판인 셈이다.

식별은 상황과 주체의 변증법적 과정이다. 상황에 대한 바른 판단만큼이나 중요한 것이 그 상황에 주체가 어떻게 반응할 것인가다. 그런데 이 반응은 작용에 대한 단순한 반작용(reaction)이 아니라 성찰(reflection)을 통한 응답(response)이어야 하므로 주체의 내면적 움직임에 따라 달라진다. 따라서 내적 또는 영적 식별이 중요하다. 사회적 식별이 '사회분석'이라면 영적 식별은 '마음분석'이다.

사회적 식별보다 어려운 것이 영적 식별이다. 우리 자신의 천변만화(千變萬化)하는 마음을 살펴보는 것이기 때문이다. 영적 식별이 중요한 이유는 개인적으로든 사회적으로든 어둠이 빛을 가장해, 악이 선을 가장해 나타날 수도 있기 때문이다. 예수는 "여러분 속에 있는 빛이 어둡지 않은지 살펴보십시오(루가 11장 35절)"라고 가르쳤다. 빛이 어떻게 어두울 수 있을까? "빛이 약하다"거나 "빛이 강하다"라는 표현은 자연스러운데 "빛이 어둡다"는 표현은 왠지 이상하고 어색하다.

영어 NRSV 성서에는 "Consider whether the light in you is not darkness"로 적혀 있다. 여기서 상태를 나타내는 be 동사 'is'가 중요해 보인다. 빛이 어둠의 상태라는 의미다. 한글 공동번역 성서는 영어 성서와 같은 의미로 번역하고 있다. "여러분 안에 있는 빛이 어둠이 아닌지 잘 살펴보십시오." 우리 안의 빛이 사실은 어둠일 수도 있다는 충격적 가르침이다. 빛이 어떻게 어둠일까? 그것은 정의를 말하면서 독선적인 자기의(自己義)에 사로잡히는 것, 평화를 외치면서 마음은 전쟁터와 같은 것, 선한 일을 하면서 속으로는 명예를 탐하는 것, 고독을 실천하면서 자기만의 내적 평화를 욕망하는 것 등이다.

니코스 카잔차키스(Nikos Kazantzakis)는 『최후의 유혹』에서 신과 악마를 구별하는 것의 어려움과 필요에 대해 이야기한다. 소설 속 예수의 이야기다.

> '어젯밤 내가 잠든 사이에 누군가 들어왔어.' 그는 방문객이 아직도 집 안에 숨어 그의 말을 들을지도 모르니까 겁이 나는 듯 숨을 죽여 중얼거렸다. '누가 왔어. 틀림없이 하느님, 하느님이었을 텐데…. 어쩌면 악마였을지도 모르지. 신과 악마를 어떻게 구별하겠는가? 그들은 서로

> 얼굴을 바꾸어서, 때때로 신은 온통 어둠뿐이고, 악마는 빛뿐이며, 인간의 마음은 혼란 속에 빠지고 말지.' 그는 부르르 몸을 떨었다.

혼란에 빠진 인간은 악마의 소명을 신의 소명으로 착각하여 듣고 따를 수도 있다. 그러므로 로욜라의 성 이냐시오(St. Ignatius of Loyola)가 강조한 "영의 식별"이 더욱 중요하다. 우리의 내면에서 일어나는 어떤 생각이 악한 영에게서 온 것인지 선한 영에게서 온 것인지 식별해야 하는 것이다. 악마의 한 이름인 '루시퍼(Lucifer)'의 라틴어 의미는 "빛을 가진 자"다. 늘 깨어서 우리의 빛이 어둠이 아닌지 묻고 또 물어야 한다.

예수의 기도

삶이 산산이 부서질 때, 사랑하는 존재를 잃을 때, 불가항력적 재난을 겪을 때, 거대한 자연과 우주를 느낄 때, 가슴 깊은 곳에서 감사와 기쁨이 솟아날 때, 인간은 신적, 초월적 존재에게 기도한다. 기도는 신음이기도 하고 침묵이기도 하고 항의이기도 하고 노래이기도 하고 미소이기도 하다. 그 언어와 형태가 무엇이든 기도는 유한한 존재인 인간이 무한한 존재와 만나고 소통하는 길이다.

세계종교 전통 중에 기도를 가장 강조하는 전통은 철저한 인격신관을 공유하는 아브라함계 종교들이다. 이 전통에서는 하느님과 인간의 소통인 계시와 기도가 주로 언어 형태를 취하는데, 그것은 언어로밖에 표현할 길이 달리 없어서일 것이다. 이는 언어는 수단이요 상징일 뿐, 하느님과 인간 사이에서 이루어지는 소통의 전부도, 유일한 길도 아니라는 뜻이다. 더 근원적으로는 하느님은 인간의 언어로 표현될 수도 포착될 수도 없는 '전적 타자(Total Other)'다.

하지만 말과 글을 중시하는 아브라함계 신앙 전통은 언어에 과도하게 의지했고, 말할 수 없는 것에 대해 너무 많은 말을 하기도 했다. 이런 언어의 과잉은 경건하지만 번다하고 건조한 기도를 양산했다. '전지(全知)하신' 하느님이 인간이 말로 기도해야만 사정을 알고 응답해 준다는 발상은 진정한 의미에서 신의 전지·전능성을 부정하는 것이다.

그리스도인에게 예수는 '기도의 대상'이다. 예수 그리스도의 이름으로 하느님에게 기도하지만 "주님…", "예수님…" 하면서 예수에게 기도하는 것도 자연스럽다. 신학적으로도 삼위일체 중 하나인 '성자 하느님'인 예수 그리스도는 신앙의 대상이다. 그리스도인에게는 '예수에 대한 신앙'이 중요하다. 하지만 '예수의 신앙'도 중요하다. 교리적으로도 〈칼케돈 신조〉(451)에서 고백하듯 예수는 신인(神人), 즉 '참 하느님(vere Deus)'이며 '참 인간(vere Homo)'이기 때문이다.

인간 예수는 '기도의 사람'이었다. 그리스도인이 복음서를 통해 더 깊이 배워야 할 것은 '예수에 대한 기도'가 아니라 '예수의 기도'다. 앞에서 이야기한 것처럼, 예수는 늦은 밤이나 이른 새벽에 홀로 기도하는 시간을 가졌다. 뿐만 아니라 그는 언제나 하느님에게 기도했고, 그 기도 가운데 활동했다. 그의 모든 것이 기도였다. 그렇다면 예수는 어떻게 기도했을까?

예수는 종교적 미사여구와 동어 반복적 표현으로 가득한 의례적 기도들을 사용하지 않고, 하느님 나라 운동의 본질만 담은 기도를 알려 주었다. 〈주의 기도(Lord's Prayer)〉로 알려진 기도다. 이 기도는 신학적 기도도 제의적 기도도 아닌, 하느님 나라를 향한 길을 보여주는 나침반 같고 삶의 지침 같은 기도다.

> 하늘에 계신 우리 아버지, 온 세상이 아버지를 하느님으로 받들게 하시며 아버지의 나라가 오게 하시며 아버지의 뜻이 하늘에서와 같이 땅에서도 이루어지게 하소서. 오늘 우리에게 필요한 양식을 주시고 우리가 우리에게 잘못한 이를 용서하듯이 우리의 잘못을 용서하시고 우리를 유혹에 빠지지 않게 하시고 악에서 구하소서. (나라와 권세와 영광이 영원토록 아버지의 것입니다. 아멘.)
>
> - 마태오 6장 9~13절

예수는 이 기도를 모델로 알려 주었지, 그것을 교리처럼 가르쳐 준 것은 아니다. 후대의 그리스도인들이 만든 〈사도신경(使徒信經, Apostles' Creed)〉에는 천지창조, 성육신, 동정녀 탄생, 종말론, 성령론, 교회론, 부활과 영생 등 교리적 진술이 가득하지만, 예수가 직접 가르쳐 준 기도에는 교리를 다툴 여지가 거의 없다. 모두 지상에서, 일상에서 그리스도인들이 식별하고 선택해야 할 하느님 나라의 관계와 윤리에 대한 것이다.

예수는 하느님 나라가 천상이 아닌 지상에, 지금 오게 해 달라고 기도했다. 그 나라가 그가 발 딛고 있는 땅에서 그와 함께 살고 있는 사람들 가운데서 실현되기를 바랐다. 예수가 가르쳐 준 기도에서 드러나는 하느님 나라는 영적 상징인 동시에 사회적·물질적 상징이기도 했다. 그 나라의 실현은 모두가 일용할 양식, 곧 최소한의 물질적 삶을 보장받아야 한다는 것을 전제한다. 또한 서로가 서로를 용서하고 화해하며 사랑하고 악을 피해 정의롭게 살아가는 복음적 삶을 요구한다. 이런 점 때문에 성 아우구스티누스는 〈주의 기도〉를 "복음 전체의 요약"이라고 했다.

예수의 기도 중 많은 그리스도인이 감동하는 것은 자기 제자들을 하느님에게 부탁하는 중보기도(仲保祈禱)다.

나는 이제 세상을 떠나 아버지께 돌아가지만

> 이 사람들은 세상에 남아 있을 것입니다. 거룩하신 아버지, 나에게 주신 아버지의 이름으로 이 사람들을 지켜주십시오. 그리고 아버지와 내가 하나인 것처럼 이 사람들도 하나가 되게 하여주십시오.
>
> - 요한 17장 11절

중보기도란 간단히 말하면 자신이 아닌 타인을 위한 기도다. 중보기도에는 우리 시대의 가장 큰 질병인 '외로움'을 치유하는 힘이 있다. 신체적, 심리적, 사회적 고통은 누구나 보편적으로 겪는 것이지만, 그 고통(pain)을 특별한 괴로움(suffering)으로 만드는 것은 외로움이다. 고통을 겪는 것만으로도 아프고 힘든데, 게다가 그것을 홀로 겪어야 하니 괴로운 것이다. 그 괴로움이 극에 이르면 견디다 못해 삶을 포기하기도 한다.

반면 함께 울고 함께 아파하는 친구와 이웃이 있다면, 아무리 큰 고통이라도 삶을 포기하거나 절망하지 않고 계속 살아갈 용기와 힘을 얻을 수 있다. '나홀로 고통'은 견디기 어렵지만 '더불어 고통'은 견딜 수 있는 것이다. 더불어 고통을 나누는 길 중 하나가 중보기도다.

누군가 널 위하여 누군가 기도하네.

네가 홀로 외로워서 마음이 무너질 때,
누군가 널 위해 기도하네.

이 아름다운 노랫말처럼, 고통 속에 홀로 던져져 있다고 생각하는 이가 문득 자신을 위해 누군가 기도하고 있음을 알게 된다면 고통 속에서도 감사와 희망을 체험할 수 있을 것이다.

이 시간, 우리가 자기를 위해 기도할 거라고 꿈에도 생각하지 못하는 누군가를 위해, 아파하고 슬퍼하고 외로워하는 이웃을 위해 마음 다해 기도하며 간구하는 것은 중보기도의 아름다움이다. 에베소서 기자는 중보기도를 이렇게 말한다.

> 온갖 기도와 간구로 언제나 성령 안에서 기도하십시오. 이것을 위하여 늘 깨어서 끝까지 참으면서 모든 성도를 위하여 간구하십시오.
>
> - 에베소서 6장 18절

개인주의와 경쟁주의에 찌들어 외로움과 불안의 삶을 질병처럼 안고 살아가는 현대인에게 중보기도는 인간의 관계성과 상호책임성을 자각하게 해 준다.

예수가 "늘 깨어 기도하십시오(루가 21장 36절)"라고 가르친 것은 기도가 세상으로부터 자유롭게 하고 세상을 바꿀 수 있게 하는 '실제적' 힘이기 때문이다. 그래서 월터 윙크(Walter Wink)는 "기도는 권세들로부터 전염된 영혼이 치유되는 야전 병원"이라고 했고 "역사는 장차 다가올 세상의 참모습을 아는 이들의 중보기도에 의해 달라진다"고 했다. 고통과 재난의 시대, 기도가 더욱 절실한 때다.

'활동 중의 관상'

몇 년 전 20세기의 위대한 영성가이며 작가인 토머스 머튼(Thomas Merton)이 수도승으로 27년을 살았던 미국 켄터키주 겟세마니 수도원(The Abbey of Gethsemani)을 방문해 9일 동안 머물렀다. 새벽 3시 15분 비질스(Vigils, 새벽 기도)부터 저녁 7시 30분 콤플린(Compline, 저녁 기도)까지 하루에 일곱 번 드리는 성무일도(Divine Office)에 빠짐없이 참석했다. 오랜만에 경험한 깊은 고요와 평화, 그리고 자유였다. 겟세마니 수도원 체험을 하고 머튼이 왜 "네 벽 안의 새로운 자유"를 느꼈다고 했는지 알 것 같았다. 그리고 예수가 신비하게 변모하여 모세와 엘리야와 대화를 나누는 모습을 보고 베드로가 "여기서 지내면 얼마나 좋겠습니까!"라고 말했던 것도 이해됐다.

비록 머튼은 세상을 떠나기 전 했던 아시아 여행 외에는 27년 동안 겟세마니 수도원을 떠난 적이 거의 없었지만, 영향력 있는 작가요 수도자로서 흑인의 시민권 옹호, 전쟁 반대 등 사회적 목소리를 냈다. 예수도 신비 속에 머물지 않고 산 아래로 내려와 하느님 나라 운동을 계속했다. 수도원 체험과 복음서 묵상을 통해 물음이 떠올랐다. 수도원을 세상으로 가져올 수 있는 길은 없을까? 수도원에서 기도하고 명상하듯 세상 속에서 활동할 수는 없을까?

이런 물음은 그리스도교에서는 오래된 것이다. 그리스도교 수행 전통에서는 이를 관상(Contemplation)과 활동(Action)의 관계로 본다. 관상은 여러 정의가 가능하지만, 하느님 안에 가만히 머무는 것이라고 할 수 있다. 머튼은 관상이 샘(spring)이며 활동은 개울(stream)이라고 했다. 샘이 없이는 개울이 있을 수 없고, 개울이 없으면 샘에서 나오는 물이 생명을 기를 수 없다는 것이다. 이는 관상 없는 활동, 활동 없는 관상 모두 이롭지 않다는 점을 가리킨다. 그리스도교 영성 전통에서는 이처럼 관상과 활동의 연관성을 강조해 왔다. 수도원주의를 체계화한 성 베네딕트(St. Benedict)는 "기도는 노동이요, 노동은 기도"라고 가르쳤다. 예수회 창립자 성 이냐시오는 "활동 중의 관상(Contemplation in action)"을 강조했다. 언제나 하느님을 알아차리며, 하느님 안에서, 하느님 나라 운동을 해 나가는 것이 '활동 중의 관상'이다.

이와 같은 관상과 활동의 연관성, 아니 불이성(不二性)은, 수행의 때와 곳이 따로 없다는 원불교의 '무시선 무처선(無時禪 無處禪)' 수행관이나, '행주좌와 어묵동정(行主坐臥 語默動靜)', 즉 걷고 머무르고 앉고 눕고 말하고 침묵하고 움직이고 가만히 있는 것이 모두 선(禪)이라는 불교의 수행관과도 근원에서 통한다. 일상에서 깨어서, 마음챙겨서 하는 모든 것이 곧 기도요 관상이요 명상이라는 것이다.

예수는 때때로 홀로 관상의 시간을 가졌다. 하느님 안에 가만히 머무르는 시간이었다. 예수와 하느님은 너무 가까워 예수는 "아버지와 나는 하나입니다(요한 10장 32절)"라고 선언했다. 이렇게 언제나 하느님 안에 있고 늘 하느님과 하나였으니 예수가 하는 모든 활동은 관상이 되었다. 예수는 관상적 활동가였다.

이러한 관상과 활동의 불이성과 그것의 사회적 실현이 어떻게 가능한지를, 붓다와 예수를 두 영적 조상으로 모시는 선사 틱낫한(Thich Nhat Hanh)이 명료하게 이야기해 준다.

> 베트남에 있을 때 수많은 마을이 폭격당했다. 무엇을 해야 할지 절의 도반들과 함께 결정해야 했다. 계속 절에서 수행해야 할까, 아니면 고

통받는 사람들을 돕기 위해 선방(禪房)을 떠나야 할까? 주의 깊은 성찰 끝에 우리는 그 둘을 동시에 하기로 결정했다. 마을로 가서 사람들을 돕되, 그것을 마음챙겨 행하는 것이었다. 우리는 그것을 '참여불교(Engaged Buddhism)'라고 불렀다. 마음챙김은 반드시 세상에 참여해야 한다.

신비: 어둠 속의 사랑

영성의 길은 신비와 기쁨의 빛으로만 가득한 길이 아니다. 그리스도교 수행자들은 수행이 깊어질수록 어둠을 마주치게 된다는 것을 증언한다. 십자가의 성 요한(St. John of the Cross)은 그것을 "영혼의 어두운 밤"으로 표현했다. 밤이 지나야 새벽이 오듯이, 어둠을 지나야만 빛의 세계에 이른다.

그런 수행자의 어둠을 보여준 현대의 영성가는 마더 테레사(Mother Teresa) 수녀다. 그는 인도 콜카타에서 〈사랑의 선교회〉를 세워 가난한 이들, 죽어가는 이들을 돌보며 평생을 살았고, 사후에 가톨릭 교회의 성인으로 추대됐다. 하지만 마더 테레사 성인은 영혼의 어두운 밤을 혹독하게 겪었다. 그것도 한두 해가 아니라 몇십 년 동안 겪었으니, 평생 어둠 속에서 살았다고 해도 지나치지 않을 것이다. 심지어 "제 안에는 하느님이 안 계십니다"라고 고통스럽게 고백하기까지 했다. 마더 테레사는 '실패한 신비가'일까?

우리를 놀라게 하는 것은 마더 테레사가 그토록 길고 고통스러운 영적 어둠 속에 살았다는 것이 아니라, 평생 그런 어둠 속에 있으면서도 기도와 선행의 삶을 중단하지 않고 계속했다는 사실이다. 가장 큰 신비는 사랑이다. 마더 테레사는 실패한 어둠의 신비가가 아니라 끈질긴 사랑의 신비가요 활동가였다. 그래서 맬컴 머거리지(Malcolm Muggeridge)는 마더 테레사의 어둠을 다음과 같이 시적으로 이야기한다.

> 어둠의 시간에 마더 테레사는 타오르는 빛이 되었다. 잔인한 시간에 그리스도 사랑의 복음의 살아있는 육화가 되었다. 하느님 없는 시간에 우리 가운데 거하는 은총과 진리의 말씀이 되었다.

마더 테레사가 경험한, 그리고 보여 준 가장 큰 신비는 끝나지 않는 번아웃과 어둠과 상처에도 사랑의 실천을 포기하지 않았다는 것이다. 많은 영적 수행법이 있고, 여러 수행의 단계들이 있지만, 모든 영성의 토대요 절정은 결국 사랑이다. 예수는 가장 큰 계명이 무엇이냐는 한 율법교사의 물음에, "네 마음을 다하고 목숨을 다하고 뜻을 다하여 주님이신 너희 하느님을 사랑하여라"라는 계명과 "네 이웃을 네 몸같이 사랑하여라"라는 계명이 "모든 율법과 예언서의 골자"라고 답했다(마태오 22장 36~40절). 하느님을 사랑하고 이웃을 내 몸같이 사랑하는 것, 그것이 예수의 수행이며 영성이었다.

"사랑은 십자가를 '필요'로 하지는 않는다.
그러나 사랑은 십자가에 도달한다."

– 도로테 죌레, 『고통(Suffering)』 중에서

6장

십자가에 이르는 사랑•

• 이 장은 필자가 쓴 2020년 고난주간 묵상집 『Passion: 고난과 열정의 동행』(대한기독교서회)의 내용을 수정 · 보완했다.

고난과 열정

그리스도인들은 매년 부활절 전 일주일을 '고난주간'-또는 '수난주간'-으로 지킨다. 예루살렘에서 예수가 겪은 고통과 죽음을 기억하기 위한 절기다. 고난주간은 예수의 예루살렘 입성을 기념하는 '종려주일(Palm Sunday)'에서 시작해 예수와 제자들의 마지막 식사를 기념하는 '성 목요일(Holy Thursday)', 예수의 죽음을 기리는 '성 금요일(Good Friday)'로 이어진다. 프로테스탄트 그리스도인들은 성 목요일을 그날 예수가 제자들의 발을 씻겨 준 것을 기념해 '세족 목요일(Maundy Thursday)'이라고도 부른다.

슬픔과 고통의 금요일에 '좋은', '선한'이라는 의미의 영어 형용사 'good'을 붙이게 된 것에 대해서는 의견이 분분하다. 고통과 악의 현실에도 선의 궁극적 승리를 나타내기 위함이라는 주장도 있고, 독일어 'Gottes Freitag(신의 금요일)'에서 온 'God's Friday'라는 주장도 있다. 그리스도인들에게는 둘 다 의미 있는 주장이다.

고난주간은 영어로 'Passion Week'다. 흥미롭게도 영어 단어 'passion'에는 두 가지 의미가 있다. 하나는 '고난'이고 다른 하나는 '열정'이다. 절묘한 양의성(兩意性)이다. 예수의 마지막 일주일에는 고난만이 아니라 열정도 있었기 때문이다. 어쩌면 예수의 고난은 열정의 결과였는지도 모른다.

로마 제국과 헤로데 왕국과 성전의 삼각 지배 동맹이 통치하고 있던 예루살렘에서 하느님 나라 운동을 하는 것은 목숨을 걸어야만 하는 위험한 길이었다. 예수가 예루살렘에서 보낸 마지막 일주일에는 예수의 하느님 나라 열정과 그로 인한 고통이 모두 응축되어 있다. 마르코복음 전체 16장 중 무려 6장이 예수의 마지막 일주일 동안 예루살렘에서 일어난 사건들의 기록인 것도 그 때문일 것이다.

예수가 예루살렘에서 보낸 마지막 일주일은 많은 이들에게, 심지어 예수의 제자들에게도 혼란스럽고 충격적인 사건의 연속이었다. 그 사건들을 기록한 복음서들을 읽어보면, 예수가 예루살렘에서 벌인 일들을 매우 치밀하게 계획했음을 알 수 있다. 예수 자신이 예루살렘 사건의 기획자였고, 그 사건에는 십자가 죽음이 포함되어 있었다. 예루살렘에서 예수가 일으킨 주요 사건을 따라가 보면서 그의 십자가 죽음의 이유와 의미를 생각해 보기로 한다.

주변부에서 일어난 저항은 중심부로 향한다. 주변부 사람들이 겪는 고통은 중심부 사람들의 억압과 착취 때문이다. 유대 사회의 주변부인 갈릴래아에서 시작한 예수의 하느님나라 운동도 최종적으로는 예루살렘을 향했다. 당시 예루살렘에는 로마 군대의 주둔지 겸 총독 빌라도의 관저, 헤로데의 왕국, 그리고 성전이 있었다. 한마디로 예루살렘은 변방 갈릴래아 사람들을 괴롭히던 중앙 지배체제의 심장이었다. 게다가 유대인들은 주요 절기 때마다 예루살렘 성전으로 제사를 지내러 올라왔기 때문에, 예루살렘에서 일어난 일은 전 유대 사회와 그리스-로마 세계에 흩어져 살던 유대인 공동체에 영향을 미칠 수 있었다. 예수가 예루살렘으로 올라간 이유가 여기에 있을 것이다.

유월절을 앞둔 일요일, 예루살렘 동쪽 갈릴리에서 올라온 예수 일행은 어린 나귀를 탄 예수를 둘러싸고 예루살렘 성안으로 들어간다. 그런데 마커스 보그와 존 도미니크 크로산은 『예수의 마지막 일주일』에서 이날 성서에는 기록되어 있지 않은 또 하나의 행진이 예루살렘에서 있었다고 한다. 로마 군대의 행진이었다. 그들에 따르면 예루살렘 서쪽 지중해 변가이사랴에 주둔하고 있던 빌라도의 군대가 유대인의 중요 절기 때마다 예루살렘으로 올라왔다고 한다. 유대는 물론 세계 각지에서 모인 유대인들이 일으킬 수도 있는 반란을 사전에 방지하거나 진압하기 위해서였다.

특히 유월절 기간에는 예루살렘에 정치적 긴장이 고조되었다. 유월절(Passover)은 히브리 조상들이 이집트 파라오의 압제와 노예 생활로부터 해방된 것을 기억하고 기념하는 절기였기 때문이다. 로마 군대의 행진은 유월절에 유대인들이 '과거의 해방'만 기억하고 '현재의 해방'은 기대하지 못하게 하려는 제국의 무력 시위였다.

육중하고 날렵한 군마를 탄 기병들, 번쩍이는 갑옷을 입은 보병들, 화려한 깃발과 황금독수리상 등 군사적 힘을 한껏 과시한 로마 군대의 행진은 틀림없이 위풍당당했을 것이다. 그렇다면 예수의 행진은 어땠을까? 예수는 군마도 아니고 게다가 그냥 나귀도 아닌, 베다니아에서 끌고 온 "새끼 나귀"를 타고 입성했다(마르코 11장 1~10절). 예수의 행진은 로마 군대의 행진에 비하면 초라하고 심지어 우스꽝스러워 보였을 것이다. 그런데 보그와 크로산은 이 모두가 "미리 계획된 '반대행진'"이었을 거라고 한다. 누군가 로마 군대의 행진과 반대되는 예수의 행진을 치밀하게 계획했다는 것이다. 누구일까? 예수다.

위력적인 빌라도의 행진은 유대인에게 공포를 주었을 뿐이겠지만, 겉으로는 무력해 보이는 예수의 행진은 유대인의 마음을 단박에 사로잡았다. 그 이유를 보그와 크로산은 로마 제국과 황제를 풍자한 사건이었기 때문이라고 한다. 일종의 예언자적 '길거리 퍼포먼스'였다는 것이다. 과거 한국의 독재 시대에 부패한 정치 권력과 탐욕스러운 자본을 풍자하며 비판한 마당극을 생각해 보면 좋을 것이다. 예수의 행진은 일종의 히브리적 마당극 또는 거리극이었다. 이 길거리 퍼포먼스의 요체는 즈가리야의 메시아 예언이었다.

> 도성 시온아, 크게 기뻐하여라. 도성 예루살렘아, 환성을 올려라. 네 왕이 네게로 오신다. 그는 공의로우신 왕, 구원을 베푸시는 왕이시다. 그는 온순하셔서, 나귀 곧 나귀 새끼인 어린 나귀를 타고 오신다.
>
> - 즈가리야 9장 9절

이 즈가리야의 메시아 예언을 잘 알고 있었을 유대인들은 어린 나귀를 타고 오는 온순한 메시아의 행진이 군마를 타고 오는 오만한 메시아를 반대하는 상징적 행위임을 즉각적으로 알아차렸다. 게다가 위 예언에 바로 이어지는 즈가리야의 예언은 병거와 군마를 없애고 활을 꺾는 평화의 선포였다. 이는 '로마의 평화(Pax Romana)'의 폭력성을 폭로하는 '그리스도의 평화(Pax Christi)'였다. 아직 그 의미를 분명히 이해할 수는 없었지만, 유대인들은 자신들을 억압하고 지배해온 제국의 황제와 유대의 왕들과는 전혀 다른 메시아의 모습을 예수에게서 보았다. 그래서 이 반로마 '평화행진' 이후 예루살렘에서 예수가 가는 곳마다 사람들이 운집하여 그의 하느님 나라 가르침을 경청했다.

시대가 고통스럽고 혼란할수록 우리는 메시아를 열망한다. 중요한 것은 우리가 기대하며 따라가려는 메시아가 '어떤 메시아'인가다. 부와 권력을 한 손에 쥔 카이사르나 다윗 같은 정치적 메시아, 신비주의나 열광주의로 대중을 현혹하는 종교적 메시아, 가난하고 무력한 이들과 함께 아파하고 슬퍼하는 예수 같은 '고난받는 메시아'도 있는 것이다. 빌라도와 예수의 행진을 대조하여 보여주며 보그와 크로산이 그리스도인들에게 묻는다. "여러분은 어느 쪽 행진에 참여하고 있습니까?"

성전의 '정지'

이튿날 그들이 베다니아에서 나올 때에 예수께서는 시장하시던 참에 멀리서 잎이 무성한 무화과나무를 보시고 혹시 그 나무에 열매가 있나 하여 가까이 가보셨으나 잎사귀밖에는 아무것도 없었다. 무화과 철이 아니었기 때문이다. 예수께서는 그 나무를 향하여 "이제부터 너는 영원히 열매를 맺지 못하여 아무도 너에게서 열매를 따 먹지 못할 것이다" 하고 저주하셨다.

- 마르코 11장 12~14절

예수가 예루살렘에 입성한 후에 보여준 첫 행적은 충격적이다. 잎만 무성할 뿐 열매가 없다는 이유로 무화과나무를 저주한 것이다. 이 사건이 '충격적'인 것은 예수가 예루살렘에서 유일하게 행한 기적이기 때문이며, 또한 그가 행했던 모든 기적 중 유일하게 저주의 기적이기 때문이다. 자유의지로 죄짓는 인간이 아니라 자연법칙을 따를 뿐인-게다가 열매 맺는 때도 아닌-무화과나무를 저주한 예수의 의도는 무엇이었을까? 그 답은 마르코가 무화과나무의 저주와 파괴 이야기 사이에 의도적으로 배치한 '성전 정화' 사건에 있다.

예수는 성전 뜰 안으로 들어가 거기에서 사고팔고 하는 사람들을 쫓아내며 환전상들의 탁자와 비둘기 장수들의 의자를 뒤집어엎었다. 또 물건들을 나르느라고 성전 뜰을 가로질러 다니는 것도 금했다. 그리고 "성서에 '내 집은 만민이 기도하는 집이라 하리라'고 기록되어 있지 않습니까? 그런데 여러분은 이 집을 '강도의 소굴'로 만들어버렸습니다!"하고 꾸짖었다. 그리스도인들은 이를 '성전 정화'라고 하지만, 반대자들의 눈에는 '폭동'으로 보였을 것이다.

사실 마르코복음서를 포함해 네 복음서 어디에도 '성전 정화'라는 표현은 없다. 정화(淨化)란 불순하거나 더러운 것을 깨끗하게 하는 것이다. 여기서 중요한 것은, 정화는 '회복'을 뜻한다는 사실이다. 예를 들면, 더러워진 그릇을 깨끗이 씻어 다시 사용할 수 있게 하는 것과 같다. 그런 점에서 보면, 복음서가 일관되게 전하는 예수의 의도는 단지 타락한 성전을 정화하여 회복시키는 것이 아님을 알 수 있다. 특히 마르코가 증언하는 예루살렘의 예수는 처음부터 끝까지 철저하게 반(反) 성전 관점에서 말하고 행동한다. 마치 열매 맺지 못하는 무화과나무를 뿌리째 말라 버리게 하듯이, 뿌리까지 타락한 성전에서 최소한의 '정화' 가능성을 찾을 수 없었던 예수는 성전의 기능을 '정지'시켜버린 것이다.

예수 당시 성전의 가장 큰 문제는 종교적 외양을 한 경제적 착취였다. 로마 제국의 다문화 통치정책에 따라 자유와 특권을 누리고 있던 성전 세력은 성전세를 위한 환전과 제물 매매 독점으로 막대한 부를 축적하고 있었다. 이러한 성전 경제는 부유한 자에게는 외적 경건을 과시할 기회였겠지만 가난한 자에게는 사회적 수치심과 경제적 부담의 원인이었다. 실제로 그 시대 성전 시장의 상인들은 '가난한 자들의 제물'인 비둘기를 세속 시장에서보다 다섯 배 비싼 가격으로 팔았다. 예수가 성전에서 시위를 벌였을 때 성전 관리나 상인들이 아무런 행동도 하지 못한 것은, 평소 성전에 반감을 갖고 있던 무리가 예수의 행동을 지지했기 때문일 것이다.

예수에게 예루살렘 성전은 더 이상 거룩한 '하느님의 집'이 아니라 탐욕스러운 '맘몬의 집'이었을 뿐이다. 하느님이 없는 성전은 아무런 의미도 없으며 영원하지도 않다. 이미 솔로

몬이 지은 첫 번째 성전은 바빌로니아 군대의 공격으로 파괴되었고 즈루빠벨이 지은 두 번째 성전은 헤로데에 의해 크게 증축되었다. 귀화한 유대인으로서 정치적 정통성을 인정받지 못하고 있던 헤로데는 유대인의 환심을 사기 위해 예루살렘 성전을 더 화려하고 웅장하게 '리모델링'했다. 당대 로마 제국에서 "가장 화려한 건물"로 불렸던 헤로데의 성전에 감탄한 예수의 제자 하나가 "얼마나 굉장한 돌입니까! 얼마나 굉장한 건물들입니까!"라고 했을 때, 예수는 냉정하고 단호하게 성전이 "돌 하나도 돌 위에 남지 않고 다 무너질 것(마르코 13장 2절)"이라고 말했다. 실제로 헤로데의 성전은 70년에 티투스의 로마군에 의해 완전히 파괴되고 만다.

주목할 것은, 마르코복음서에 따르면 예수는 예루살렘에서의 마지막 며칠 동안 성전에서 기도하지 않았다는 사실이다. 예수에게 성전은 '만민이 기도하는 집'이 아니라 '강도의 소굴'이었을 뿐이기 때문이다. 열매 맺지 못하는 무화과나무처럼 아무런 선한 것도 내지 못하는 성전의 파괴를 선언한 예수가 오늘의 그리스도인에게 묻는다. "여러분의 교회는 누구의 교회입니까? 하느님의 교회입니까, 맘몬의 교회입니까? 여러분이 믿고 섬기며 따르는 신은 누구입니까? 맘몬입니까, 하느님입니까?"

논쟁의 날

예루살렘 입성 행진과 성전 정지 사건은 유월절에 예루살렘에 모여든 유대인 대중의 이목을 집중시켰다. 그 후 예루살렘에서 예수가 가는 곳마다 대중이 구름떼처럼 몰려들어 그의 전복적 가르침을 경청했다. 그것은 마치 '하느님 나라 학교' 같았다. 그 며칠 동안 대중의 의식이 급격히 변화한다.

예수의 마지막 화요일은 '논쟁의 날'이라는 별칭이 있을 정도로 성전에서 예수와 유대 종교 지도자들 사이에 치열한 논쟁이 있었던 날이다. 이날 논쟁의 특징 중 하나는 "예수 대(對) 모두"라고 할 수 있을 정도로 예수의 '모든' 반대자들이 논쟁에 나섰다는 사실이다. 서로 다른 종교적, 정치적 관점을 갖고 있던 바리사이파, 헤로데당, 사두가이파, 율법학자들이 예수를 반대하는 데서는 희한하게도 서로 일치했다. 예를 들면, 유대 민족주의 성향의 바리사이파 사람들과 친로마적인 헤로데 당원들이 연합하여 "[로마] 황제에게 세금을 바치는 것이 옳습니까, 옳지 않습니까? 바쳐야 합니까, 바치지 말아야 합니까?"라고 질문하며 논쟁을 걸었다. 예수가 이렇게 대답해도 저렇게 대답해도 곤경에 빠질 수밖에 없는 교묘한 질문이었다. 하지만 예수는 "황제의 것은 황제에게 돌려주고, 하느님의 것은 하느님께 돌려드리십시오"라는 촌철살인의 대답으로 반대자마저 경탄하게 만들며 논쟁을 끝내버렸다(마르코 12장 14~17절).

논쟁의 목적은 상대를 말로 이기는 것이다. 예수의 반대자들은 논쟁에서 이기기 위해 당대 최고의 지식인들을 내세웠고, 평소 불편하거나 소원한 집단과도 동맹하는 등 수단과 방법을 가리지 않았다. 하지만 예수의 관심은 논쟁의 승패가 아니었다. 사실 논쟁에서 승리한다고 해서 상대의 생각과 삶을 바꿀 수 있는 경우는 거의 없다. 오히려 패배한 자의 복수심만 더 일으킬 뿐이다. 예수도 권한 논쟁, 세금 논쟁, 부활 논쟁 등에서 반대자들을 모두 이겼지만, 패배한 이들 중 마음과 삶을 돌이켜 예수의 하느님 나라 운동에 동참한 이들은 최소한 복음서의 기록에 따르면 거의 없었다. 오히려 그들은 예수를 없애버려야 한다는 생각만 더 굳혔을 뿐이다. 그런데 왜 예수는 논쟁을 피하지 않았을까? 예수가 논쟁에서 얻고자 한 것은 무엇이었을까? 그것은 '논쟁을 걸어온 이들'보다 '논쟁을 지켜본 이들'의 생각과 삶을 변화시키는 것이었다.

마르코에 따르면 성전에서 있었던 예수와 반대자의 논쟁을 "많은 무리"가 지켜보고 있었다. 그들은 소문으로만 듣던 예수의 전복적 가르침을 직접 들으면서 급격한 의식 변화를 보인다. 가장 큰 변화는 메시아와 하느님 나라 이해의 변화다. 이틀 전 예수의 예루살렘 입성 행진 때는 "다가오는 우리 조상 다윗의 나라여(마르코 11장 10절)"를 외치며 예수를 다윗과 같은 정치적 메시아로 기대했던 사람들이, 불과 이틀 뒤 성전에서는 "다윗 자신이 그리스도를 주님이라고 불렀는데 그리스도가 어떻게 다윗의 자손이 되겠습니까?"라고 하는 예수의 말을 "기쁘게" 들었다(마르코 12장 37절). 그들은 예수에게서 '로마 제국'이나 '다윗 왕국'의 정치적 메시아와 전혀 다른 '하느님 나라'의 종말론적 메시아를 보고 깨달은 것이다.

어떤 의미에서는, 화요일의 대논쟁에서 가장 중요한 역할을 한 이들은 복음서에는 아무런 말도 기록되어 있지 않은 "많은 무리"다. 그들은 마치 '청중 심사단'이 된 것처럼 예수와 유대 지도자들의 논쟁을 주의 깊게 경청하고 주체적으로 판단하여 누구를 지지할지 결정했다. 바로 여기서 우리는 성전 세력이 왜 낮이 아니라 한밤중에, 성전이 아니라 겟세마네에서 예수를 체포했는지 추측할 수 있다. 낮에 성전에서 예수를 체포하면 예수를 지지하는 무리가 소동을 일으킬까 봐 두려웠던 것이다. 같은 이유로 예수도 무리의 지지와 보호를 받을 수 없는 밤에는 예루살렘 성 바깥으로 피신했다. 예수의 체포에 '내부자'인 가리옷 사람 유다의 배반이 필요했던 까닭도 여기에 있을 것이다.

마르코가 묘사하는 "많은 무리"의 모습은 오늘날 한국교회의 "많은 교인"의 모습을 생각하게 한다. 사두가이파, 바리사이파, 율법학자들은 유대 전통의 중심부 세력이었다. 반면 예수는 주변부에서 올라온 낯선 인물이었다. 하지만 논쟁 현장에 있던 청중은 맹목적으로 전통의 권위를 따르는 대신 주의 깊게 경청하고 주체적으로 판단하여 예수를 지지했다.

오늘의 그리스도인은 어떤가? 제도적 권위에 생각 없이 순종하는 수동적 신앙인인가, 아니면 스스로 생각하고 판단하고 행동하는 주체적 신앙인인가? 탈진실의 시대를 살고 있는 그리스도인도 예수의 말을 기쁘게 들었던 무리처럼 거짓과 진실을 분별하는 "생각하는 그리스도인"이 되어야 하지 않을까? 이는 그리스도인만의 과제가 아니다. 또한 종교인만의 과제가 아니다. 정치든 종교든 스스로 사유하고 판단하지 않고 제도적 권위를 수동적으로 심지어 맹목적으로 따르고 있지는 않은지 우리 모두 자문해봐야 하지 않을까.

겟세마네의 고뇌

마르코복음서에 따르면 예수는 수요일부터 군중과 접촉 없이 제자들과 시간을 보냈다. 아마도 제자들은 지난 며칠 동안 있었던 예루살렘 입성, 성전에서의 시위와 논쟁의 여파로 흥분해 있었겠지만, 예수는 그 사건들이 가져올 고통스러운 결과를 예상하고 있었을 것이다. 자신을 향해 점점 더 가까이 다가오는 죽음의 그림자를 바라보며 예수는 목요일 하루 동안 제자들과 애틋하면서도 따뜻한 시간을 보낸다.

이날의 예수가 가졌을 마음을 요한은 다음과 같이 기록한다. "예수께서는 이제 이 세상을 떠나 아버지께로 가실 때가 된 것을 아시고 이 세상에서 사랑하시던 제자들을 더욱 극진히 사랑해 주셨다(요한 13장 1절)." 예수는 대야에 물을 떠서 제자들의 발을 일일이 씻겨 주고 수건으로 닦아 주었다. 자신이 함께 있지 못하게 될 때도 서로 사랑하며 살라는 가르침을 몸으로 보여준 것이다. 그리고 그리스도인들이 '최후의 만찬'이라고 부르며 '성만찬(聖晩餐, Eucharist)'의 기원으로 여기는 마지막 식사를 함께했다. 그리고 식사를 마친 후 베드로와 야고보와 요한만을 데리고 올리브 산 겟세마네라는 곳으로 가서 밤늦게까지 기도했다.

겟세마네 숲에서 예수는 자신의 괴로움과 근심을 온전히 드러낸다. 그 내적 고통이 얼마나 깊었으면, 루가가 "땀이 핏방울같이 되어서 땅에 떨어졌다(루가 22장 44절)"고 기록했을 정도였다. 그래서 그리스도인들이 겟세마네 숲을 부르는 다른 이름은 '괴로움의 정원(Garden of Agony)'이다. 예수는 무엇을 그토록 괴로워하며 근심했던 걸까?

이때 예수는 자신에게 다가오는 십자가 죽음을 두려워했고, 바로 그 사실이 예수의 '인간성'을 입증해주는 거라는 해석도 있다. 일리가 있는 해석이다. 죽음은 몸과 의식을 가진 누구에게나 두려운 일일 것이기 때문이다. 하지만 예수가 단지 자신의 개인적 고통과 죽음을 두려워했던 걸까? 인류 역사에는 죽음을 두려워하지 않고 자신의 가치와 신념을 지키고 실천한 이들도 있다. 어떤 이들은 하나뿐인 목숨을 남을 위해 내어주기도 한다. 그런데 하물며 이미 생사를 초월한 예수가 단지 개인적 죽음을 두려워했을까? 예수가 정말 두려워했던 것은 무엇일까? 그 답은 예수가 겟세마네에서 마지막 기도를 드릴 때 곁에서 함께하길 원했던 제자들에게 있다.

마르코에 따르면 예수 가장 가까이 있었던 제자들도 예수가 가르치고 보여준 하느님 나라의 참뜻을 깨닫지 못했던 것 같다. 갈릴래아로부터 예루살렘까지, 길 위에서 몇 해를 동고동락한 제자들조차 온전히 깨닫지 못할 만큼 하느님 나라 운동의 싹이 아직 연약한 때에, 예수는 죽음을 맞이하고 있는 것이다. 그렇다면 예수는 개인적 죽음이 아니라 자신의 죽음 이후 하느님 나라 운동이 중단되고, 그래서 가난하고 작은 자들이 아무런 희망 없이 고통의 어둠 속에서 계속 신음하며 살아야 할지도 모른다는 사실을 두려워했던 게 아닐까? 그래서 제자들을 훈련하여 하느님 나라 운동가로 성숙시킬 시간을 좀 더 가질 수 있도록 죽음의 잔을 거두어 달라고 하느님께 피눈물로 기도했던 것은 아닐까?

예수는 늘 하느님과 함께하는 사람이었다. 하지만 겟세마네의 예수 곁에 하느님은 없었다. 예수는 죽음의 잔을 거두어주겠다는 하느님의 승낙도, 자기가 세상 권세에 죽임당해도 하느님 나라 운동은 계속될 거라는 하느님의 확언도 받지 못했다. 이때부터 하느님은 예수에게 철저히 침묵한다.

이처럼 확실한 것이 부재한 때야말로 역설적으로 하느

님에 대한 가장 철저하고 근원적인 신뢰와 신앙의 시간이다. 하느님의 '전적 침묵'에 대한 예수의 응답은 하느님에 대한 '전적 신앙'이었다. 예수가 할 수 있는 것은 더 이상 아무것도 없었기 때문이다. 예수는 고뇌의 기도와 몸부림 끝에, 오직 하느님만을 신뢰하며, "아버지의 뜻"에 자신과 제자들과 하느님 나라의 운명을 모두 맡겼다. 그리고 자신에게 다가오는 죽음을 비통하게 그러나 의연하게 맞이했다.

"사랑은 십자가에 이른다"

마르코는 예수의 마지막 날 금요일에 있었던 일을 상세하게 기록한다. 예수는 지난 밤사이 대제사장들과 온 의회가 모인 자리에서 "하느님을 모독"했다는 종교적 죄목으로 사형 선고를 받았고, 금요일 새벽 유대 산헤드린 전체 의회를 거쳐 빌라도에게 넘겨져 "유대인의 왕"을 사칭했다는 정치적 죄목으로 십자가 처형 선고를 받았다.

이후 마르코는 시간대별로 더 상세하게 예수의 고난과 죽음을 보도한다. 빌라도의 사형 선고 후 예수는 로마 군인들로부터 심한 조롱과 모욕을 당한 후, 골고다로 끌려가 아침 9시에 그곳에서 십자가에 못 박혔다. 그리고 오후 3시에 십자가 위에서 숨을 거뒀고, 날이 저문 후 돌무덤에 안장됐다. 마르코가 예수의 고난과 죽음을 이토록 자세히 기록하여 전한 까닭은 무엇일까? 그것은 예수의 십자가 고난과 죽음이 그리스도교 신앙의 독특한 핵심이기 때문이다.

2장에서 이야기한 대로, 십자가는 못 박혀 매달리는 자들에게는 고통을, 그들을 바라보는 이들에게는 공포를 주기 위해 로마 제국이 사용했던 잔혹한 형틀이었다. 사실 예수의 십자가를 기억하는 것은 제자들에겐 두려운 일이었다. 깊은 트라우마를 남긴 사건이었기 때문이다.

초대교회 그리스도인들의 중심 상징도 처음에는 '십자가'가 아니라 '물고기'였다. 그리스어로 "이에수스 크리스토스 테우 휘오스 소테르(Iesous Christos Theou Yios Soter: 예수 그리스도, 하느님의 아들, 구원자)"라는 신앙고백의 첫 글자를 조합하여 만든 '익투스(Ichthus, ΙΧΘΥΣ)'의 뜻이 '물고기'였기 때문이다. 이는 박해의 시대에 그리스도인들이 서로의 신앙을 확인하는 일종의 은어요 상징이었다.

일찍이 바오로가 "내게는 우리 주 예수 그리스도의 십자가 밖에는, 자랑할 것이 아무것도 없습니다(갈라디아서 6장 14절)"라고 고백한 후에도 오랫동안 십자가는 그리스도교의 중심 상징이 되지 못했던 것이다. 그 이유는 아마도 초대교회 시대에도 십자가가 정치적 처형 도구로 계속 사용되고 있었던 사실과 관련이 있을 것이다. 예수의 십자가를 종교적 상징으로 삼기에는 십자가의 '현재적' 고통이 너무 참혹했던 것이다.

십자가가 그리스도교의 대표 상징이 된 것은 로마 제국의 박해가 끝난 4세기 이후의 일이었다. 콘스탄티누스가 꿈에 본 '카이-로(Chi-rho)' 십자가 문양을 병사들의 방패에 새기고 밀비우스 다리 전투에 나가 승리한 후에야 십자가는 죽음의 상징에서 승리와 영광의 상징으로 바뀌었다.

세계종교 중 십자가와 같은 '처형 도구'를 신앙의 중심 상징으로 삼는 종교는 그리스도교뿐이다. 예수를 알고 믿고 따르는 그리스도인들에게 십자가는 '폭력의 증거'일 뿐만 아니라 '사랑의 증거'이기도 하기 때문이다. 물론 예수의 것이든 타인의 것이든 우리 자신의 것이든 고통과 죽음의 십자가를 미화해서도 신비화해서도 안 될 것이다. 십자가 죽음은 예수마저 "나의 하느님, 나의 하느님, 어찌하여 나를 버리셨습니까(마르코 15장 34절)?"라고 절규하게 만들 만큼 고통스러운 사건이기 때문이다. 고통 속에 있는 사람, 이미 삶이 십자가인 사람에게, "당신의 십자가를 지십시오"라고 말하는 것은 폭력이다.

하지만 예수가 고통을 피하지 않고 십자가를 진 것은 삶이 곧 십자가인 사람들에 대한 사랑 때문이었다. 그래서 도로테 죌레(Dorothee Soelle)는 그의 책 『고통(Suffering)』에서 "사랑은 십자가를 '필요'로 하지는 않는다. 그러나 사랑은 십자가에 도

달한다"라고 했다. 또한 중요한 것은, 예수가 십자가를 자발적으로 선택한 것이 아니라 세상의 권력자들이 예수에게 십자가를 지웠다는 사실이다. 그래서 죌레는 십자가를 "해방을 시도했던 사람들에 대한 세상의 답변"이라고 했다. 예수의 하느님 나라 운동에 대한 정치권력과 종교권력의 응답이 십자가 처형이었다는 말이다. 그래서 예수의 십자가는 폭력과 사랑의 증거다.

성 토요일: 트라우마와 은총의 시간

앞에서 상세히 다루었듯이, 부활 직전 한 주는 그리스도교에서는 고난주간 또는 성주간이다. 그리스도인들은 예루살렘에서 예수가 보인 행적을 따라가며 예수의 수난과 죽음을 묵상한다. 성주간의 모든 날이 성스럽고 특별하지만, 제자들과 마지막 식사를 하고 제자들의 발을 씻겨 준 성 목요일과 예수가 십자가에 달려 죽임당한 성 금요일을 특히 중시한다. 그런데 토요일의 신앙적 의미에 대해서는 그리스도인들도 깊이 생각하지 않는 경우가 많다. 십자가 사건과 부활 사건 '사이'의 무의미하고 무력한 시간으로 여기기도 한다. 하지만, 역설적으로, 예수는 죽었지만 아직 부활하지 않은 토요일이야말로 가장 심오한 신앙의 시간이다. 십자가의 죽음은 이미 일어난 사건이기에 너무나 현실적이지만, 부활은 아직 가능성일 뿐인 '사이' 시간에 믿음과 희망을 지키는 것이기 때문이다.

마르코는 예수의 죽음 이후 토요일에 대해 아무런 기록도 남기지 않았다. "안식일 전날" 예수를 장사지냈다고 기술한 후 바로 "안식일이 지났을 때"로 시점을 옮긴다. 하지만 아무 기록이 없다고 해서 아무 일도 없었던 것은 아니다. 오히려 십자가와 부활 사이의 토요일이야말로 예수를 미워하며 죽인 이들에게도, 예수를 사랑하며 따른 이들에게도 중요하고 결정적인 날이었다. 예수를 죽인 이들에게 토요일은 두려움의 날이었다. 예수의 재판과 처형과 죽음의 모든 과정을 가장 가까이서 감독하며 지켜본 로마 백인대장이 "이 사람이야말로 정말 하느님의 아들이었구나!"라고 증언한 것에서 알 수 있듯이, 종교 권력자들과 정치 권력자들은 그들이 죽인 예수에게 죄가 없다는 것을 누구보다도 잘 알고 있었을 것이다. 그들은 아무런 변명도 항변도 없이, 목숨을 구걸하지도 않은 채, 침묵 속에 죽음을 받아들인 예수의 부활이 실제로 일어날까 봐 두려웠다. 예수의 부활은 그의 무죄와 그들의 유죄를 나타내는 전복적 사건일 것이기 때문이었다. 그래서 마태오복음서에 따르면 대제사장들과 바리사이파 사람들이 빌라도에게 가서 예수의 제자들이 시체를 훔치고 예수가 부활했다며 거짓 주장을 할지 모르니 경비병을 세워 무덤을 지켜달라고 요구하는 이야기가 나온다. 그만큼 자신들의 죄와 악을 백일하에 드러낼 예수의 부활이 두려웠던 것이다.

예수를 사랑하며 따랐던 제자들에게도 토요일은 두려움의 시간이었다. 그들은 스승 예수를 버리고 도망친 죄책감과 예수의 죽음을 직접 목격했거나 전해 들으면서 생긴 트라우마로 반쯤 넋이 나가 있었을 것이다. 그래서 어딘가에 모여 함께 "슬퍼하며 울고" 있었다. 울다 잠시 정신이 돌아올 때면, 예수가 갈릴래아에서, 예루살렘으로 오는 길 위에서, 성전에서 그리고 베다니아에서 그들에게 알려주었던 고난과 부활 예고를 기억했을 것이다. 하지만 예수가 정말 부활할지는 아무도 확신할 수 없었다. 예수의 부활을 간절히 희망하지만 예수가 정말 부활하실지 확실히 알 수 없는 상태에서 제자들은 토요일을 견뎌야 했다. 두려움에 질식되어 있었기 때문일까? 마르코에 따르면, 다음 날 마리아가 제자들에게 예수의 부활 소식을 전했을 때도 그들 대부분은 믿지 못했다.

십자가와 부활 사이의 시간이 두렵고 고통스러운 것은 부활을 희망하지만 확증할 수 없기 때문이다. 이 시대의 고통받는 사람들도 마찬가지다. 십자가와 같은 고통이 끝나기를 바라지만 정말 그렇게 될 거라고 확증할 수는 없다. 세상이 온통 골고다다. 여성 혐오, 소수자 혐오, 인종차별, 불평등, 폭력의 십자가는 언제나 모든 곳에 있어 왔다. 지난 세기 이후만 보더라도 1, 2차 세계대전, 홀로코스트, 히로시마/나가사키 원폭, 한국전쟁, 베트남전쟁, 킬링필드, 5·18 광주학살, 9·11 테러, 4·16 세월호 참사, 10·29 이태원 참사, 기후재앙의 십자가들이 계속 이어져 왔다. 십자가는 '지속'되고 부활은 '지연'되는 것만 같은 현실에서, 우리는 무엇으로 살아야 할까? 신학자이자 윤리학자 라인홀드 니버(Reinhold Niebuhr)가 답해준다.

> 할 만한 가치가 있는 일 가운데 그 어느 것도 우리의 생애 안에 성취될 수는 없다. 따라서 우리는 희망으로 구원받아야 한다. 진실하거나 아름답거나 선한 것은 어느 것도 역사의 즉각적인 문맥 속에서 완전하게 이해되지 못한다. 따라서 우리는 믿음으로 구원받아야 한다. 우리가 하는 일이 아무리 고결하다 해도 혼자서는 결코 달성될 수 없다. 따라서 우리는 사랑으로 구원받아야 한다.

그리스도인의 믿음과 희망과 사랑은 십자가와 부활 사이, '성토요일(Holy Saturday)'을 견디게 해주는 힘이다. 우리 사회의 소수자와 약자에게 십자가와 같은 고통의 시간을 견디게 해줄 믿음·희망·사랑은 무엇일까, 어디에 있을까?

십자가와 부활: 사건과 상징

십자가와 부활은 그리스도인에게는 신앙의 이유지만 비그리스도인에게는 불신앙의 이유다. 우선은 왜 예수라는 '한 사람'의 십자가 죽음이 어떻게 '모든 사람'의 죄를 씻어주고 구원해 줄 수 있다는 것인지 이해하기 어려워서다. 즉 그리스도교의 대속(代贖) 신앙에 대한 의문이다. 예수가 '아바'라고 불렀던 자애로운 하느님이 인류의 죄를 씻어주겠다며 죄 없는 자기 아들 예수를 제물처럼 죽게 했다는 것도 받아들이기 어렵고, 그것을 믿기만 하면 죄를 용서받고 구원받을 수 있다는 것도 받아들이기 어렵다.

이런 점 때문에 그리스도인 종교학자 길희성은 예수의 무고한 죽음은 대속이 아니라 의로운 자가 의롭지 못한 자들을 대신해서 받는 고난인 대고(代苦)로 이해해야 한다고 주장한다. 이렇게 예수의 죽음을 대속이 아닌 대고로 이해할 때, 우리는 우리가 받을 고난을 대신 받는 무고한 자들에게 책임을 지고 참여할 수 있게 된다는 것이다.

부활, 즉 죽은 자가 '다시 살아나는 것'도 믿기 어렵다. 또한 예수가 자신이 죽은 지 사흘 만에 다시 살아날 것을 확고히 알고 있었다면, 십자가 죽음 앞의 번민과 괴로움은 무슨 의미였다는 말인가? 십자가도 이해하기 어렵지만 부활은 더 이해하기 어렵다. 그래서 폴 틸리히는 십자가는 '사건이면서 상징'인 반면 부활은 '상징이면서 사건'이라고 한다. 십자가에 대해서는 실제로 일어난 역사적 사건성에 무게를 두는 것이고, 부활에 대해서는 종교적 상징성에 무게를 두는 것이다. 많은 그리스도교 신학자, 역사학자들은 부활 이전(pre-Easter)의 예수와 부활 이후(post-Easter)의 그리스도를 구분한다. 전자는 역사성을 강조하는 것이고, 후자는 신앙을 강조하는 것이다. 역사적 예수 연구자들도 '부활 이후'의 예수에 대한 복음서의 기록은 이미 '신앙의 그리스도'에 대한 것이므로 역사적 사실성을 갖지 못한다고 주장한다. 그런 주장을 반박할 만한 역사적 사실은 지난 2,000여 년 동안 나오지 않았다.

이러한 신학적 사유는 합리적이지만, 그것을 절대화하게 되면 그리스도교의 역동성을 잃게 된다. 십자가와 부활은 그리스도교 신앙의 두 절정이다. 십자가 없는 부활도 문제지만 부활 없는 십자가도 문제다. 십자가는 그 자체로는 아무런 의미가 없다. 고통의 십자가에 의미를 주는 것은 부활의 희망이다.

중요한 것은 부활한 예수에 대한 이야기를 나누고 기록하고 전했던 초대교회 그리스도인들의 '부활 신앙'이다. 그 부활 신앙만큼은 역사적 사실이며 사건이다. 부활 신앙의 핵심은 하느님은 당신이 사랑하는 이들의 고통과 죽음을 무의미한 것으로 잊히게 내버려 두지 않는다는 신뢰다. 부활은 예수의 십자가 고통을 긍정하는 사건이 아니라 예수를 십자가에 처형한 권력을 부정한 사건이다. 로마 정치권력은 예수를 정치적 반란자로 규정했고 유대 종교권력은 예수를 종교적 이단자로 규탄했다. 그들이 공모하여 예수를 불의한 자로 몰아 십자가에 못 박아 죽였다. 부활은 제국과 성전의 불의를 폭로하고 예수의 의로움을 드러낸 전복적 사건이다.

사건(event)은 사실(fact)과 무관하지는 않지만 동일한 것은 아니다. 사실이 아니어도 인간과 세계에 실제적 변화를 가져올 수 있는 힘을 갖고 있는 것이 사건이다. 예수의 부활은 역사적 사실이라고 입증하려고 하기보다는, 예수의 부활이 실제로 어떤 변화를 가져온 역사적 사건이었는지를 사유하는 것이 더 필요하다.

엘살바도르의 순교자 오스카 로메로(Oscar Romero) 대주교의 죽음은 부활의 사건적 의미가 어떤 것인지를 깨닫게 해준다. 로메로는 친구 루틸리오 그란데(Rutilio Grande) 신부가 군부에 의해 암살당한 후 회심하여, "부유한 자의 대주교"이기를 그만두고 "가난한 자의 대주교"로 살기 시작한다. 로메로는 자신도 친구처럼 십자가 고통과 죽음을 겪을 것을 예상했다. 그는 다음과 같이 말한다. "가난한 자를 위해 헌신하는 사람은 가난한 자와 같은 운명을 갖게 됩니다. 엘살바도르에서 가난한 자의 운명이란 무엇인지 우리는 압니다. 그것은 실종되는 것, 체포되는 것, 고문당하는 것, 시체로 발견되는 것입니다." 1980년 3월 초, 어느 기자가 로메로에게 묻는다. "암살 위협을 받으면서도 왜 엘살바도르를 떠나지 않으십니까?" 로메로가 대답한다. "나는 부활 없는 죽음을 믿지 않습니다. 그들이 나를 죽인다면 나는 엘살바도르 민중 가운데 부활할 것입니다."

그리고 얼마 후 3월 24일, 로메로는 암살자의 총탄에 목숨을 잃는다. 그의 죽음 바로 전날 로메로는 유언처럼, 고별설교처럼 다음과 같은 말을 남긴다. "골고다의 십자가 같은 엘살바도르의 고통 뒤에 부활이 있다는 것, 그것이 우리의 희망입니다." 그의 믿음과 희망대로 엘살바도르 민중은 죽임당한 그를 기억하고 현재화하며 1992년 평화조약이 체결될 때까지 13년 동안 포기하지 않고 군부독재에 맞서 싸웠다. 로메로의 죽음은 개인적 고통의 최후가 아니라 공동체적 부활의 시작이었다.

2018년 10월 14일, 바티칸 성 베드로 광장에서 프란치스코 교황은 로메로 대주교를 성인으로 시성(諡聖, 교회가 공경할 성인으로 선포)했다. 시성을 앞두고 "사람이 자기 친구를 위하여 자기 목숨을 내놓는 것보다 더 큰 사랑은 없습니다(요한 15장 13절)"라는 예수의 가르침을 상기시켰던 교황은, 시성식날 로메로가 암살당할 때 하고 있었던 피 묻은 허리띠를 착용했다. 예수와 로메로의 '십자가에 이르는 사랑'을 기억하고 기념하고 재현하기 위함이었다. 로메로는 엘살바도르 민중 가운데 부활했다. 예수는 고통받는 사람들 가운데 계속 부활한다.

다시 길 위에서:
크리스투스 비아토르(Christus Viator)

두 길, 엠마오와 다마스쿠스 도상에서

예수의 죽음을 목격한 두 사람이 예루살렘에서 그리 멀지 않은 엠마오(Emmaus)라는 마을로 걸어가고 있다. 글레오파라는 사람과 이름이 알려지지 않은 한 사람이다. 그들은 예수를 믿고 따랐던 사람들이다. 침통한 표정이다. 예수의 십자가 처형이라는 끔찍한 일을 당한 게 바로 사흘 전이니 틀림없이 트라우마 상태일 것이다. 남들이 들을까 봐, 목소리를 낮춰가며 있었던 일들에 대해 이야기를 나눈다.

그때 한 남자가 다가와 함께 걷는다. 그리고 묻는다. "길을 걸으면서 무슨 이야기들을 그렇게 하고 있습니까?" 그들은 희망을 걸었던 예수의 죽음, 사라진 시체 그리고 예수가 살아있다는 천사들의 이야기에 대해 말한다. 그들은 예수의 부활을 의심한다. 그러자 그 남자가 말한다. "여러분은 어리석기도 합니다! 예언자들이 말한 모든 것을 그렇게도 믿기가 어렵습니까? 그리스도는 영광을 차지하기 전에 그런 고난을 겪어야 하는 것이 아닙니까?"

엠마오에 가까이 왔을 때 그 남자는 더 멀리 가려고 하는 듯이 보인다. 그러자 두 사람이 날이 저물어 저녁이 되었으니 자기들과 함께 묵어 가자고 붙든다. 그리고 집으로 들어가 함께 식사를 한다. 그제서야 그들의 눈이 열려 예수를 알아본다. 하지만 예수의 모습은 사라지고 더 이상 보이지 않았다. 그들은 "길에서 그분이 우리에게 말씀하실 때나 성서를 설명해 주실 때에 우리가 얼마나 뜨거운 감동을 느꼈던가!"하고 서로 말했다.

루가복음서의 기록에 따르면, 부활한 예수가 직접 모습을 보인 때는 엠마오 가는 길이 처음이다. 부활한 예수도 길 위에 있었다. 이 신비한 이야기에서 우리가 주목하게 되는 것은 제자들이 예수를 알아보게 되는 과정이다. 길 위에서 만나는 사람들은 이방인이다. 이방인은 낯선 자다. 그 사람이 누구인지 첫눈에 알아볼 수 없는 미지의 타자다. 그런 타자가 동료 인간이 되고, 사랑하는 사람이 되는 것은 함께 걷고, 대화하고, 환대하며 함께 음식을 나눌 때다. 그 두 사람이 낯선 이를 환대하지 않았다면, 예수는 그들과 헤어져 "더 멀리" 떠났을 것이다. 오늘 우리 곁의 예수를 발견하는 것, 알아보는 것은 타자를 환대할 때 가능하다.

루가복음서의 저자는 사도행전의 저자이기도 하다. 루가는 루가복음서와 사도행전 두 권의 책을 별도로 쓰지 않았다. 그는 하나의 행전을 썼다. 초대교회에서 분량과 내용의 중점에 따라 두 권으로 나눴을 뿐이다. 그러므로 루가복음서의 이야기와 사도행전의 이야기는 하나의 이야기로 읽을 수 있다.

사도행전에도 길 위의 예수 이야기가 있다. 그리스도교 역사상 가장 중요한 만남, 즉 바오로와 예수의 신비한 만남에 관한 이야기다. 히브리어로 사울이라고 불리던 바오로는 예수를 따르던 사람들을 박해하던 유대 청년 지식인이었다. 그는 당시 그리스-로마 세계의 정치, 경제, 철학의 중심지 중 하나인 다르소(Tarsus) 출신으로 경건한 바리사이파 사람이었다. 그는 갈릴래아의 예수와 그를 따르던 무리들을 혐오했다. 그리스도교 최초의 순교자 스테파노(Stephen)가 바리사이파들이 던지는 돌에 맞아 죽었을 때 그 자리에 있었다. 그는 다마스쿠스로 가서 그리스도인을 따르는 사람들을 닥치는 대로 잡아 끌어오겠다며 살기를 띤 채 길을 나섰다. 다마스쿠스 가까이 이르렀을 때 갑자기 하늘에서 빛이 번쩍이며 음성이 들려왔다. "사울이여, 사울이여, 당신이 왜 나를 박해합니까?" 사울이 묻는다. "당신은 누구십니까?" 그러자 그 음성의 주인이 답했다. "나는 당신이 박해하는 예수입니다." 사울은 눈이 보이지 않게 되었다.

며칠 후 다마스쿠스에 있던 예수의 제자 아나니아에게 예수가 나타나 말한다. 사울을 찾아가 그의 눈을 뜨게 하고 성령을 가득 받게 하라는 것이었다. 처음에 아나니아는 불편한 심기를 내비친다. 사울이 예루살렘에 있는 그의 동료들에게 많은 해를 끼쳤다는 것을 들었기 때문이다. 그러자 예수가 말한다. "그래도 가야 합니다. 그 사람은 내가 뽑은 인재로서 내 이름을 이방인들과 제왕들과 이스라엘 백성들에게 널리 전파

할 사람입니다. 나는 그가 내 이름 때문에 얼마나 많은 고난을 받아야 할지 그에게 보여주겠습니다." 그 말을 들은 아나니아는 사울을 찾아가 그에게 손을 얹고 눈을 뜨게 해 준다. 다시 눈을 뜬 사울은 바로 세례를 받고 곧 여러 회당에서 예수가 바로 하느님의 아들임을 전파하기 시작한다. 예수의 박해자가 예수의 전파자로 전환한 것이다.

이 이야기에서도 길 위의 예수와 환대의 패턴이 보인다. 이 환대는 엠마오 가는 길의 제자들의 환대와 비슷하면서도 다르다. 적대 당하고 박해 당하는 사람들의 환대이기 때문이다. 예수는 자신을 박해하는 사울을 환대했고, 아나니아는 예수와 자신의 동료들을 적대하는 사울을 환대했다. 적대자를 환대했을 때 그리스도교의 역사는 바뀌었다. 아니, 그리스도교의 역사는 시작했다. 사울, 즉 바오로가 없었다면 예수의 하느님 나라 운동은 팔레스타인의 한 유대교 분파의 하나로 존재하다가 역사 속으로 사라졌을지도 모른다. 바오로는 예수 운동의 히브리적 지평을 당시 그리스-로마 세계의 헬레니즘적 지평으로 확장하는데 기여한 사람이다. 그리스도교는 환대의 사건에서 시작했다.

다시, 갈릴래아로

마르코복음서에 따르면, 예수의 무덤을 찾았던 여성들에게

흰옷을 입은 젊은 남자 하나가 다음과 같이 말했다.

"겁내지 마십시오. 여러분은 십자가에 달리셨던 나자렛 사람 예수를 찾고 있지만 예수는 다시 살아나셨고 여기에는 계시지 않습니다. (…중략…) 자, 가서 제자들과 베드로에게 예수께서는 전에 말씀하신 대로 그들보다 먼저 갈릴래아로 가실 것이니 거기서 그분을 만나게 될 것이라고 전하십시오."

부활한 예수는 종교의 중심지 '예루살렘'으로 가지 않았다. 정치의 중심지 '로마'로 가지도 않았다. 자신을 핍박하고 살해한 예루살렘 종교 권력자들과 로마 정치 권력자들 앞에 우주적 장엄을 펼치며 나타나 그들을 공포에 떨게 하며 무릎 꿇릴 수도 있었을 텐데, 예수는 그러지 않았다. 대신 예수는 자신이 죽기까지 사랑했던 가난한 이들이 고통 속에 살고 있는 변방 '갈릴래아'로 갔다. 왜 그랬을까? 부활은 '십자가에 달린 사람들'에게만 의미 있고 실제적인 사건이기 때문이다. 이 책의 2장에서 탐구한 것처럼 갈릴래아는 십자가의 땅이었다. 예수의 십자가는 끝났지만 가난하고 연약한 이들의 십자가는 계속되고 있는 땅이 갈릴래아였다.

부활한 예수가 "그들[제자들]보다 먼저 갈릴래아로 가실 것"이라고 한 것은 제자들도 갈릴래아로 오라는 뜻이었다. 갈릴래아는 예수가 제자들과 함께 그리고 자신이 가장 깊이 사랑했던 가난한 이들과 함께 하느님 나라 여행을 시작했던 곳이었다. 하느님 나라 여행은 계속되어야 했다. 갈릴래아에서 제자들을 다시 만난 예수는 그들에게 사명을 준다. "여러분은 온 세상에 나가서, 만민에게 복음을 전파하십시오(마르코 16장 15절)." 그들 가운데 부활한 예수를 만난 제자들은 가난한 자와 운명을 같이하는 하느님 나라 여행을 용기 있게 떠났다.

오늘의 갈릴래아는 어디인가? 그리스도인이 있어야 할 곳은 어디인가? 문익환 목사는 1976년 '3·1 민주구국선언' 사건으로 처음 투옥된 이후 세상을 떠날 때까지 여섯 번, 총 11년 3개월을 감옥에서 보냈다. 그는 옥중에서 어머니 김신묵 권사에게 보낸 한 편지에서, 교회가 있어야 할 자리인 "예수의 주소"는 부유하고 힘 있는 이들이 사는 "예루살렘"이 아니라 가난하고 힘없는 이들이 사는 "갈릴래아"라고 썼다. '교회의 주소'는 예수의 주소인 갈릴래아여야 한다는 것이다. 그렇다면 오늘 한국교회의 주소는 어디일까? 예루살렘일까, 갈릴래아일까?

한국사회가 독재 정권의 억압 아래 있을 때 한국교회는 민주주의를 길러낸 요람이었다. 하지만 오늘의 한국교회는 민주주의를 지켜낸 요새가 되지 못했다. 오히려 한국교회는 고통받는 이들의 땅인 갈릴래아가 아니라 종교권력과 정치권력의 소굴인 예루살렘을 '영구주소지'로 삼으려고 하는 것은 아닌지 묻게 된다. 예루살렘은 '예수의 주소'가 아니다. '갈릴래아 사람' 예수는 예루살렘의 파산을 선고했다.

> 예루살렘아! 예루살렘아! 너는 예언자들을 죽이고 하느님께서 보내신 사람들을 돌로 치는구나! 암탉이 병아리를 날개 아래 모으듯이 내가 몇 번이나 네 자녀들을 모으려 했던가! 그러나 너는 응하지 않았다. 너희 성전은 하느님께 버림을 받을 것이다. "주의 이름으로 오시는 이여, 찬미받으소서!" 하고 너희가 말할 날이 올 때까지 너희는 정녕 나를 다시 보지 못하리라.
>
> - 루가 13장 34~35절

예수는 예루살렘에서는 다시는 자기를 못 볼 것이라고 했다. 그런데도 예루살렘에 남겠다고 고집하는 교회의 주소가 어떻게 예수의 주소일 수 있을까? 어떻게 예수의 교회일 수 있을까? 교회의 출생지요 본적지는 예수의 주소인 갈릴래아다.

그리스도교의 기적: 교회

그리스도교의 역사를 탐구하며 놀라게 되는 것은 예수의 처형과 죽음 이후에도 예수의 공동체가 사라지지 않고 오히려 로마 제국 전역으로 확산되었다는 사실이다. 예수는 거룩한 경전을 쓰지도 않았고, 장엄한 신전을 세우지도 않았다. 체계적 교리와 의례와 제도를 만들지도 않았고, 왕의 정치적 후원을 받지도 않았다. 오히려 로마 제국, 헤로데 왕국, 사두가이파와 제사장 집단 등 성전 세력의 집중 견제와 연합 공격을 당했고, 마을과 회당의 개혁적 엘리트 집단인 바리사이파와도 충돌했다. 예수와 그의 공동체는 사방팔방으로 적대자들에 둘러싸여 있었고, 결국 예수는 십자가 처형을 당하고 말았다. 예수의 운동은 이스라엘 역사서에 한두 줄 기록되거나, 아예 흔적도 없이 사라져도 이상할 일이 아니었다.

그런데 놀랍게도, 예수와 함께했던 제자들과 예수를 알지 못했던 새로운 제자들이 더 뜨거운 열정으로 예수의 하느님 나라 운동을 지속했고 확장했다. 이 기적 같은 일을 가능하게 한 힘은 무엇이었을까? 교회였다. '교회'는 그리스어로 '에클레시아(Ecclesia)'인데, 그 의미는 세상 밖으로(ek) 부름받은(caleo) 이들의 공동체라는 것이다. 여기서 '세상'은 물리적 공간을 의미하는 게 아니라 사회적 질서를 뜻한다. 만약 예수가 교회를 물리적 세상 바깥에 세우려고 했다면, 그는 갈릴래아 마을들과 예루살렘으로 향하는 대신, 추종자들을 데리고 사막으로 나가 자기 폐쇄적 공동체를 만들었을 것이다. 예수가 말한, 그리고 초대 그리스도인들이 생각한 '세상 밖'이란 '세상의 질서 바깥'을 의미했다. 즉 세상적 또는 세속적 삶의 방식과 다른 하느님 나라 삶의 방식이 교회의 목적이었던 것이다.

초대교회는 정적 제도나 유형의 건물이 아니었다. 교회는 하느님 나라를 이루기 위한 동적 운동이며 관계적 모임이었다. 교회는 기존사회의 질서를 거스르는 대안사회였다. 교회가 제국에 맞섰던 방식은 무력으로 대항하는 것이 아니라 사랑으로 대안이 되는 것이었다. 폭력의 체제 앞에서 예수가 선택한 것은 그 어떤 권력도 막을 수 없고 파괴할 수 없는 하느님 나라의 씨앗을 심는 것이었다. 그는 하느님 나라를 "세상에 있는 어떤 씨보다도 더 작은 겨자씨(마르코 4장 31절)"에 비유했다.

폭풍은 커다란 나무는 부러뜨릴 수 있어도 작은 씨앗은 파괴할 수 없다. 오히려 제국의 거센 바람을 타고 하느님 나라의 작은 씨앗이 로마 제국 전역으로 퍼졌다. 그 씨앗이 심긴 곳마다 사람들은 예수의 제자가 되어 하느님 나라 운동에 동참했다.

교회가 길이 아닌 벽이 될 때

종교학자 윌프레드 캔트웰 스미스(Wilfred Cantwell Smith)는 종교의 외적 상징, 교리, 제도, 의례 같은 것을 '축적적 전통(cumulative tradition)'이라고도 부른다. 스미스는 이 외적인 축적적 전통을 내적인 '신앙(faith)'과 대비시킨다. 그리고 내적 신앙보다 외적 전통이 중심이 되는 것을 종교의 '물상화(物像化, reification)'라고 한다. 이때의 종교는 '사물'과 같은 것이다.

스미스는 종교의 외적 전통에 집착하는 물상화를 부정적으로 보았다. 하지만 그런 외적 전통이 강해야 신앙 공동체가 지속될 수 있다고 믿는 이들이 많다. 아주 틀린 말은 아니다. 어떤 면에서는 전통의 형성은 불가피할 뿐만 아니라 바람직하기도 하기 때문이다. 예를 들어 예수의 신앙을 이야기해주고, 해석해주고, 의례를 통해 재체험하게 해 주는 외적 전통이 없었다면 우리는 2,000년 전의 예수 그리스도를 알 수 없었을 것이다.

또한 외적 전통은 내적 신앙을 지켜줄 수 있다. 전통과 신앙은 벽난로와 장작불의 관계와 같다. 장작불은 한편으로는 뜨겁고 강렬하지만 다른 한편으로는 매우 연약하다. 비 내리고 바람 불면 쉽게 꺼진다. 장작불은 비와 바람을 막아주는 든든한 벽이 있을 때 꺼지지 않고 계속 탈 수 있다. 여기에서 중요한 것은 벽난로의 목적은 장작불을 보호하는 것이라는 사실이다. 즉 전통은 신앙을 위해 있는 것이다.

종교의 심장은 외적 전통이 아니라 내적 신앙이다. 그 어떤 종교도 교리나 제도 같은 외적인 것으로부터 시작하지 않았다. 내적인 신앙에서 시작했다. 개인의 신앙도 마찬가지다.

삼위일체 교리가 매력적이어서, 장로나 집사 직분과 같은 제도가 마음에 들어서, 성만찬이 좋아서 그리스도인이 되는 게 아니다. 하느님의 사랑에 감동해서, 예수의 가르침과 삶에 감동해서 그리스도인이 된다. 사람들이 그리스도인이 되는 것은 외적 전통 때문이 아니라 내적 신앙 때문이다.

문제는 본말(本末)의 전도다. 전통의 벽이 너무 견고해져서 그만 내적 신앙의 불을 꺼트려 버리는 것이다. 예수의 '가르침'보다 그것을 설명하는 '교리'가 더 중요해진다. '예수'보다도 예수를 믿는 이들의 '교회'가 더 중심이 된다. 1442년 플로렌스 공의회는 다음과 같이 선언한다. "아무리 자선을 베푼다 해도, 심지어 그리스도의 이름으로 피를 흘린다 해도, 교회 안에 있지 않는 자는 구원받을 수 없다." 선한 삶을 살아도, 그리스도의 이름으로 십자가를 질지라도, 교회라는 제도 안에 없으면 구원으로부터 배제된다는 것이다. "교회 밖에 구원 없다(extra ecclesiam nulla salus)"는 것이다. 결국 그리스도가 아니라 교회가 구원자가 된다. 물상화된 종교의 극단적 사례다.

벽난로와 같은 외적 전통이 강해야만 신앙 공동체가 지속될 수 있다는 것은 착각이다. 종교사는 종교의 외적 전통이 너무 강하면 오히려 종교를 위태롭게 할 수 있다는 것을 보여준다. 예를 들면 인도에서 마우리아 왕조의 지원을 받았던 불교, 무굴 제국의 힘을 등에 업은 이슬람은 외적 전통의 강고함에도 불구하고 정치권력의 쇠락과 함께 인도 역사에서 사라지거나 현저히 약화됐다. 반면 통일된 교리, 제도, 조직이 없었던 힌두 신앙은 민중의 삶 속에 깊고 넓게 스며들어 지금껏 역동적으로 존재하고 있다.

장작불이 없으면 벽난로는 쓸모없는 빈구석일 뿐이다. 벽난로가 장작불이 아니라 자신을 지키려고 할 때 존재 이유를 잃듯이, 교회도 신앙이 아니라 교회 전통을 지키려고 할 때 의미를 잃는다. 벽난로를 꾸미는 것보다 장작불을 지피는 것이 더 중요하다. 교회의 전통은 중요하지만 그것을 절대화해서는 안 된다. 전통은 신앙을 위해 있다. 외적 전통을 계승하고 혁신하면서 내적 신앙의 장작불을 계속 지필 수 있는 교회, 그것이 오늘에도 예수 그리스도를 살아있게 하는 힘이다.

세상을 향해 열린 길, 그리스도

모든 길은 처음엔 새 길이다. 그렇다면 새 길은 언제 옛길이 될까? 새로움을 잃을 때다. 새로운 길을 가고 가고 또 가는 것, 그것이 그리스도인의 소명이며 존재방식이다. 길 위의 예수를 따르는 그리스도인의 교회는 태생적으로 길 위의 공동체다.

길 위의 예수는 그리스도인에게 길이 되었다. 그 길을 걷는 마음이 너무 열렬하여, 그 길은 '유일한(one and the only)' 길이 됐다. 근대 이전 신정통치적(theocratic) 서양 그리스도교 세계(Christendom)에서는 길의 유일성이 문제가 아니라 덕목이었다. 하지만 세계가 세속화되고 다원화되면서 그리스도의 유일성은 스캔들이 됐고, 그리스도교의 길은 자기 폐쇄적이 됐다. 폐쇄된 길, 닫힌 길은 더 이상 길이 아니다. 막다른 길에서 예수를 숭배하며 '오직 예수'를 외치는 이들은 오히려 세상 사람들이 예수의 매력을 볼 수 없게 방해한다. 어쩌면 오늘의 그리스도인에게 필요한 것은 예수를 교회에서 해방하여 모든 사람의 스승이요 친구가 되게 하는 게 아닐까?

나는 이 책에서 그리스도인으로서 내가 좋아하는 예수에 대한 이야기보다는, 한 현대인으로서 예수라는 고대의 영적 스승을 기억해 보려고 했다. 그 스승 예수는 유대교라는 전통의 담장 안에서만 표상되는 제왕 같은 하느님을 해방하여 그의 시대 모든 사람의 '아빠'로 만나고 체험하기 위해 영적 모험을 했다. 예수는 이 모든 길 위의 삶을 1세기 팔레스타인의 정치적, 종교적, 문화적 상황에서 체험하고 체현했다.

오늘 우리에게 예수 그리스도는 누구인가를 묻는 노력은 이제 더 많은 길들을 걷고 있는 우리의 상황에서 이루어져야 한다. 종교다원 상황 속에서 그리스도인의 길을 걸은 존 캅(John B. Cobb, Jr.)의 말은 그 물음의 나침반이 될 수 있을 것이다. "예수는 다른 길들(other Ways)에게 열린 길(the Way)이다."

종교문해력 총서 3 기독교

길 위의 그리스도

지금 우리에게 예수는 누구인가?

2024년 3월 8일 초판 1쇄 발행

지은이 정경일
발행인 박상근(至弘) • 편집인 류지호 • 상무이사 김상기 • 편집이사 양동민
책임편집 최호승 • 편집 김재호, 양민호, 김소영, 하다해, 정유리 • 디자인 쿠담디자인
제작 김명환 • 마케팅 김대현, 김선주, 이선호 • 관리 윤정안
콘텐츠국 유권준, 정승채, 김희준
펴낸 곳 불광출판사 (03169) 서울시 종로구 사직로10길 17 인왕빌딩 301호
대표전화 02) 420-3200 편집부 02) 420-3300 팩시밀리 02) 420-3400
출판등록 제300-2009-130호(1979. 10. 10.)

ISBN 979-11-93454-60-2(04200)
ISBN 979-11-93454-57-2(04200) 세트

값 18,000원

잘못된 책은 구입하신 서점에서 바꾸어 드립니다.
독자의 의견을 기다립니다. www.bulkwang.co.kr
불광출판사는 (주)불광미디어의 단행본 브랜드입니다.

_ '종교문해력 총서'는 재단법인 플라톤 아카데미의 지원을 받아 발간되었음 _